Elisabeth Waclowsky
Lernabenteuer mit dem Schweinehund®

Elisabeth Waclowsky

Lernabenteuer mit dem Schweinehund®

Richtig lernen lernen

Für Kinder ab 8

VAK Verlags GmbH
Kirchzarten bei Freiburg

Bibliografische Information der Deutschen Bibliothek
Die deutsche Bibliothek verzeichnet diese Publikation in der
Deutschen Nationalbibliografie; detaillierte bibliografische Daten
sind im Internet über http://dnb.ddb.de abrufbar.

© VAK Verlags GmbH, Kirchzarten bei Freiburg 2004
Abbildungen: Laska Grafix, E. Reinhart und G. Schlegel, München
Umschlag: Hugo Waschkowski, Freiburg
Lektorat: Nadine Weber
Satz und Layout: Karl-Heinz Mundinger
Druck: Druckhaus Beltz, Hemsbach
Printed in Germany
ISBN 3-935767-50-1

Inhalt

Vorwort

Liebe Eltern,

haben Sie während Ihrer Schulzeit das Lernen gelernt? Hat man Ihnen das Know-how für ein lebenslanges erfolgreiches Lernen vermittelt? Oder wurde Ihnen in der Schule der Lernstoff lediglich „eingetrichtert"?

Und wie ist das heute? Lernt Ihr Kind, wie es am besten mit dem Lernstoff umgeht, welche wirklich wichtigen Dinge es beim Lernen zu beachten gibt, welcher Lerntyp es ist, wie es sinnvoll planen und ordnen kann? Kennt Ihr Kind die Grundlagen des richtigen Lernens, die es ihm ermöglichen, an einer weiterführenden Schule zu bestehen?

„Falsche" Lerngewohnheiten, die sich Kinder bereits in der Grundschule aneignen, führen später sehr häufig zu Lernproblemen. In meinen Seminaren und Workshops erfahre ich von den Frustrationen und der Lernunlust vieler intelligenter Schüler. Deshalb bestand und besteht meine größte Herausforderung darin, Kinder für das Thema Lernen (wieder) zu begeistern.

Wenn ein Kind die Grundlagen des richtigen Lernens kennt und auch die vielfältigen Ablenkungstricks seines eigenen inneren Schweinehundes durchschaut, dann wird es sich Schritt für Schritt verbessern und das Lernen wird (wieder) zu einem richtig spannenden Abenteuer: einem Lernabenteuer mit dem Schweinehund˚.

München, im Oktober 2004

Elisabeth Waclowsky

Kannnix auf dem Planeten Schei-kaos

Auf dem Planeten Schei-kaos (pssst, nicht weitersagen, er heißt eigentlich Scheißchaos), dem finstersten Planeten im Sonnensystem XY, haust der Zauberer Kannnix in einer alten, verfallenen Burg. Er wurde von Zauberobermeister Aliksir, dem Boss aller Zauberer, auf diesen Planeten verbannt. Warum? Weil er versucht hatte, bei der Zaubermeisterprüfung auf Pladerile, dem Planeten des richtigen Lernens, fiese Tricks anzuwenden!

Willst du wissen, wie Kannnix aussieht? Er hat einen runden Kopf, fünf abstehende Haare, stechende, wässerige Augen, eine Warze auf der dicken, großen Nase, einen verkniffenen Mund und riesige Ohren! Mit diesen ausgeleierten Segelohren hört er sogar das Gras wachsen, sagen diejenigen, die ihn kennen. Seit ewigen Zeiten trägt er über fleckigem Hemd und ausgebeulter Hose einen schwarzen, schmuddeligen Mantel, der bis zu den Fußspitzen reicht. Schwarz ist übrigens seine absolute Lieblingsfarbe. Deshalb stecken seine Füße auch immer in denselben schwarz und grau geringelten Socken. Die Socken sind viel zu groß und stinken zum Himmel. Sie sind nämlich − wie auch die Füße − noch nie gewaschen worden. Zu solchen und vielen anderen Dingen hatte Kannnix überhaupt keine Lust.

Am liebsten lag er Tag und Nacht faul in seinem Bett. Doch auf Schei-kaos machte ihm selbst das keinen Spaß mehr. Maßlos ärgerte er sich darüber, dass Zauberobermeister Aliksir ihn auf diesen schrecklichen Planeten verbannt hatte. Wie konnte er ihm das nur antun! Kannnix hatte doch nur ein klitzekleines bisschen bei der Zaubermeisterprüfung getrickst. Das war doch wirklich nicht der Rede wert. Was konnte er denn dafür, dass diese dumme Prüfung gerade jetzt stattfand, wo er doch überhaupt keine Zeit gehabt hatte, sich darauf vorzubereiten. Er fand es einfach unmöglich, dass jeder Zauberer einen schriftlichen und einen mündlichen Test bestehen musste. Er konnte wirklich nicht verstehen, warum man in der schriftlichen Prüfung Zaubersprüche auswendig aufschreiben sollte. Dabei gab es doch Zauberbücher, aus denen man sie ablesen konnte! Außerdem fand er es total blöd, dass man in der mündlichen Prüfung erklären musste, wie Planetenbahnen berechnet werden. Planetenbahnen! So ein Quatsch.

Eigentlich hätte Kannnix für die Prüfung sehr viel lernen müssen. Da er aber das Lesen, Schreiben und Rechnen furchtbar hasste, hatte er das Lernen immer wieder auf den nächsten Tag verschoben. Und dann, ja dann war es plötzlich zu spät dafür. Aber Kannnix war sehr schlau. Er überlegte kurz und beschloss, einfach die Lösungsblätter zu klauen. Und er hatte auch noch unglaublich viel Glück und wurde tatsächlich nicht erwischt. Am nächsten Tag, vor der Prüfung, versteckte er die Lösungen heimlich in seiner linken Socke. Die Prüfung begann und alle Zauberer waren sofort ganz fleißig bei der Arbeit. Auch Kannnix tat so, als würde er eifrig schreiben. Doch blitzschnell griff er nach den Lösungen in seiner Socke und zog sie vorsichtig, ganz vorsichtig heraus. Mit angehaltenem Atem ließ er nun seine Augen erst langsam nach rechts und dann langsam nach links schweifen. Als er sich unbeobachtet fühlte, schob er die Lösungsblätter geschwind unter die ausgeteilten Fragebogen. Doch in dem Moment, als er die Blätter aus seinen Stinkesocken zog, wehte eine riesige Käsewolke durch den Prüfungsraum. Zauberobermeister Aliksir und alle anderen Zauberer rümpften entsetzt die Nase und jeder, wirklich jeder, wusste sofort: Kannnix versuchte zu spicken! Natürlich wollte Kannnix alles abstreiten, aber es half nichts. Beweise sind eben Beweise! Die Verbannung nach Schei-kaos war somit die gerechte Strafe. Aber Aliksir gab Kannnix noch eine Chance, eine allerletzte Chance. Er gab ihm 99 Tage Zeit, um danach die Prüfung ausnahmsweise zu wiederholen. Allerdings würden bis dahin seine Zauberkräfte täglich nachlassen. Schaffte er die Prüfung nicht, würde er nie mehr in seinem Leben zaubern können!

Auf Schei-kaos gelandet, war Kannnix so wütend auf Aliksir und alle anderen Zauberer, dass er kurzerhand entschied, ab sofort überhaupt nichts mehr zu lernen. Jetzt erst recht wollte er ganz faul sein. Faul, faul, faul!

Um überhaupt nichts mehr tun zu müssen, brauchte er aber mindestens zwei Diener. Er stellte sich dabei ganz vornehme Butler vor, solche, wie die englische Königin sie hat. Die sollten dann erstens die ganze Arbeit für ihn erledigen und zweitens ihm alles beibringen, was er in 99 Tagen können musste. Er war von seiner Idee riesig begeistert. Deshalb beschloss er, diese zwei besonderen Diener sofort herbeizuzaubern.

Was beim Zaubern alles schief gehen kann

Er nahm sein uraltes Zauberbuch zur Hand und blätterte. Wo war nur der passende Zauberspruch? Eilig bewegte er den Zeigefinger Zeile für Zeile durch das Buch. Dabei murmelte er einen Satz nach dem anderen. Wörter, die er nicht lesen konnte, übersprang er einfach. Und das waren sehr, sehr viele. Die ersten 121 Zauberversuche gelangen ihm nicht besonders gut. Nur Fliegen, Fledermäuse, Fische und Frösche waren das Ergebnis seiner Bemühungen. Sie flogen ihm regelrecht um die Ohren.

Dann, beim 122. Versuch, stand plötzlich ein quiekendes Schwein vor ihm. Es hatte nur aus Versehen vier Ohren bekommen: zwei Schlappohren an den Seiten und zwei spitze, löchrige Ohren oben am Kopf.

Nach weiteren 55 Zauberversuchen saß in der hinteren Ecke der Halle ein blauer Hund, der vom Kopf bis zur Pfote mit schwarzen Flecken übersät war.

Kannnix betrachtete das Ergebnis und meinte: „Egal! Butler hin oder Butler her. Schwein ist Schwein und Hund ist Hund. Punkt. Und ab heute sind sie meine Diener." Und weil er trotz allem mächtig stolz auf sich war, zauberte er schnell noch ein richtiges Höllenfeuerwerk. Höllenfeuerwerke waren nämlich seine besondere Spezialität. Den Spruch dafür wusste er in- und auswendig. Es gefiel ihm, dass die Raketenfetzen den beiden neuen Haustieren wie wild um die Schnauzen flogen. Alle auf Schei-kaos sollten wissen, dass er der Herr im Hause war!

Wenigstens das hat geklappt ...

Lange, lange dachte Kannnix nun darüber nach, wie er aus einem dummen Schwein und einem dummen Hund ein Vorleseschwein und einen Vorlesehund machen konnte. Ihm war klar, dass hier der richtige Zauberspruch wieder helfen würde. Aber wie hieß der nur? Vielleicht: „Mein Schwein, mein Hund, die können sofort lesen und denken wie ein, wie ein ...? Himmel, wie könnte es nur weitergehen? Und denken wie ein Besen? Nein, nein, Besen denken nicht! Und denken wie ein ..., wie ein Wesen? Nein, das war es auch nicht!" Doch plötzlich strahlte er. Jetzt hatte er den Reim gefunden. Glücklich darüber starrte er den beiden tief in die Augen und murmelte langsam und bedächtig: „Mein Schwein, mein Hund, die können sofort lesen und denken wie ein Menschenwesen." Aufgeregt hielt er sogleich dem Schwein eine Dose vor die Nase. „Lies!", sagte er.

Und tatsächlich fing das Schwein an zu sprechen. Es las laut und deutlich und ohne zu grunzen vor, was auf der Dose stand: „E r b s e n, e x t r a f e i n". „Es hat geklappt, es hat geklappt!", schrie der Zauberer, außer sich vor Freude. „Und morgen liest und schreibst du alles, was ich möchte! Außerdem berechnest du alle Planetenbahnen!" Das Schwein seufzte, denn es wusste schon jetzt, dass der morgige Tag total versaut war. Da es bisher weder sprechen noch lesen konnte, war es von sich selbst erschreckt, als es sich sagen hörte: „Verdammte Schweinerei!" „Was sagst du da?", zischte der Zauberer drohend. Das Schwein wusste sofort, dass es besser war, zu schweigen.

Von diesem Tag an mussten das Schwein und natürlich auch der Hund täglich vorlesen. Laut, deutlich, fehlerfrei und mit allerbester Betonung. Sie mussten außerdem malnehmen, teilen, zusammenrechnen und abziehen. Und dann waren da noch die vielen, vielen Planetenberechnungen. Immer und immer wieder, wie's der Teufel, äh, wie es der Zauberer wollte.

Währenddessen lag Kannnix bequem in seinem hoch mit Decken aufgetürmten Bett. Bis zur Nasenspitze war er eingemummt. Mit nach vorne geklappten Ohren hörte er genau, sehr genau zu.

Ein Vorlesefehler pro Minute ergab die Note 4. Zwei Fehler pro Minute ergaben die Note 6. Machten die beiden drei und mehr Fehler, wurden diese in das besondere Strafenbuch eingetragen. Und Strafenbücher gab es mittlerweile schon sehr, sehr viele. Jedes Mal wieder tobte der Zauberer, wenn ein Strafenbuch voll geschrieben war. Da schlechte Noten abgearbeitet werden mussten, waren die beiden Tag und Nacht damit beschäftigt, dem Zauberer zu dienen.

Es war zuerst das Schwein, das sich diese Behandlung nicht mehr gefallen lassen wollte. Als es eines Abends erschöpft und hungrig über die liegen gelassenen Essensreste des Zauberers herfiel, sagte es zum Hund: „Jetzt reicht es mir gewaltig. Ich habe keine Lust mehr. Ich will hier weg. Wir brauchen unbedingt das Zauberbuch von Kannnix. Ich klaue es und du musst dabei Schmiere stehen!" „Was heißt das?", fragte der Hund ängstlich. „Das sagt man halt so", antwortete das Schwein. „Machst du mit?" „Ich weiß nicht recht." „Ja oder nein?" „Gut, wenn du meinst, dann steh ich halt in der Schmiere." „Aufpassen sollst du", schrie das Schwein ungeduldig. „Auf die Schmiere?", fragte der Hund zweifelnd. „Ich werde noch verrückt mit dir!", grunzte das Schwein. „Auf den Zauberer sollst du aufpassen, auf den Zauberer!"

Das Gespräch der beiden wurde unterbrochen, als Kannnix rief: „Bringt mir sofort die letzten Berechnungen der nächsten Annäherung an den Planeten Pladerile." Sofort schleppten die beiden riesige Blätterstapel an Kannnix' Bett. „Wie lautet deine letzte Berechnung, Hund? Wann nähern sich die beiden Planeten? Lies vor!"

Der Hund nahm das oberste Blatt und las: „Wir sind morgen zwischen Zeit und Uhr in, ich schätze, 13 Knochen Entfernung von dem Planeten Pladerile."

Mit einem Satz sprang Kannnix aus dem Bett. Wütend funkelten seine Augen, als er zischte: „Wer hat das berechnet?" Stolz und mit erhobenem Kopf tippte sich der Hund mit der Zeigefingerpfote auf die Brust und verkündete: „Ich!" „Duuuu?" „Ja, ich." „Das ist der größte Quatsch, den ich bisher gehört habe", kreischte der Zauberer. „Was heißt das, zwischen Zeit und Uhr und 13 Knochen Entfernung? Wo hast du denn diesen Blödsinn gelernt?" „Bei dir, Zauberer Kannnix", maulte der Hund beleidigt. Der Zauberer stampfte wütend mit beiden Füßen gleichzeitig auf. „Ab in die Küche! Zur Strafe schälst du heute mindestens 35 Kokosnüsse und keine weniger. Dabei berechnest du die Entfernung zum letzten, zum allerletzten Mal. Und wehe, du berechnest sie wieder in Würsten, wie das vorletzte und vorvorletzte Mal!" Mutlos und mit hängendem Schwanz trabte der Hund in die Küche. Seufzend ließ sich der Zauberer wieder auf sein Bett fallen. Verzweifelt sah er das Schwein an und sagte mit weinerlicher Stimme: „Findest du nicht auch, dass 13 Knochen einfach nicht stimmen können? Wie soll ich denn jemals von diesem Planeten wegkommen, wenn der so einen Quatsch rechnet. Hoffentlich stimmt endlich einmal deine Rechnung."

Überzeugt, es diesmal total richtig gemacht zu haben, verkündete das Schwein stolz: „Der Abstand zwischen dem Planeten Schei-kaos und dem Planeten Plade-rile beträgt wirklich ganz genau 105 Pfund Kartoffeln." Wie ein geölter Blitz schoss der Zauberer aus seinen Socken. Mit gesenktem Kopf und ohne das anschließende Donnerwetter abzuwarten, trabte das Schwein sofort zur Küche. Es grunzte noch: „Schon gut, ich schäle auch 35 Kokosnüsse", bevor es die Tür hinter sich zufallen ließ. Dann blieb es stehen, holte tief Luft und murmelte kopfschüttelnd: „Solche schwarzen Füße, wie die von dem Zauberer Kannnix, habe ich in meinem ganzen Leben noch nie gesehen. Und dieser Käsegestank! Puuuuh!"

Das Schlaumach-Getränk

Inzwischen beschrieb Kannnix wie wild ein Blatt nach dem anderen. Heute wollte er genau wissen, wann die beiden Planeten sich einander näherten. Da er merkte, dass seine Zauberkräfte immer mehr nachließen, brauchte er ganz dringend das sagenumwobene *Buch der Lerngeheimnisse*. Dieses Buch lag, bewacht von den Fliegenferkeln, im Palast von Zauberobermeister Aliksir. Es heißt, dass man nie mehr büffeln muss, wenn man dieses Buch besitzt. Da das *Buch der Lerngeheimnisse* aber nur von einem Lernling vom Planeten Erde gefunden werden konnte, war es nun Kannnix' Aufgabe, den geeigneten Lernling zu suchen. Der Sage nach musste dieser Lernling ein ganz besonders guter Schüler sein. Kannnix' Kopf qualmte, als er den Stift aus der Hand legte. Endlich war er mit seinen Berechnungen zufrieden. Sein Plan war perfekt. Nun brauchte er nur noch sein Fünfmal-um-die-Ecke-Schauglas. Das war ein ganz besonderes Fernrohr. Damit konnte man tatsächlich fünfmal um die Ecke schauen.

Sein Blick fiel auf die Uhr. Die Zeit würde knapp werden. Er brauchte dringend Hilfe, um diesen für ihn wichtigen und einmaligen Zeitpunkt zu nützen. Plötzlich fielen ihm seine Haustiere ein. Würden sie ihm endlich eine Hilfe sein? Alles machten sie falsch, alles! Zur Verzweiflung trieben sie ihn. Die ganze Zeit über hatte er gehofft, immer wieder gehofft, sie würden endlich, endlich etwas lernen. Und was passierte? Sie wurden dümmer und dümmer! „Ich habe es wirklich schwer mit ihnen", sagte er zu sich. Und als er sich so richtig herzhaft bemitleidete, kam ihm eine wunderbare, eine einmalige, eine fantastische Idee. Das Schlaumach-Getränk für Tiere! Natürlich, er würde es sofort für die beiden mixen. Ein Getränk, mit dem sie endlich ihre Dummheit verlieren würden. Zwar hatte er in der Zauberschule nie richtig aufgepasst, welche Flüssigkeiten man zur Herstellung dieses Getränks benutzt, aber er erinnerte sich, dass aus einer blauen und einer gelben Flüssigkeit eine grüne entstand – oder war es eine graue? Egal, es würde ganz bestimmt klappen.

Schwein und Hund verlieren den Kopf

Inzwischen waren die beiden Haustiere in der Küche damit beschäftigt, Kokosnüsse zu schälen. „Jetzt ist endgültig Schluss. Ich streike!", schrie das Schwein zornig und warf eine Kokosnuss mit aller Kraft auf den Steinboden, wo sie in viele kleine Stücke zerbarst. Der milchige Saft verteilte sich überall auf den Steinen. Erschrocken starrte der Hund zuerst auf den Boden, dann auf das Schwein. „Was, was machst du da?", flüsterte er entsetzt. „Wenn das der Zauberer sieht! Schnell, lass uns alles wegputzen." „Wegputzen? Fällt mir nicht im Traum ein. Achtung, da kommt schon die nächste." Und ehe der Hund noch etwas sagen konnte, hatte das Schwein schon die nächste Kokosnuss mit Wucht auf den Boden geschmettert. Fassungslos schaute der Hund zu. „Komm, mach doch mit", grölte das Schwein. Zögernd griff der Hund nun auch nach einer Kokosnuss. Sie rutschte von seiner Pfote und fiel auf den Boden. „Streng dich mal an, du Schwächling", rief das Schwein. „Zeig mal, dass du Muckis hast!" Der Hund wusste zwar nicht, was „Muckis" waren, aber irgendwie gefiel ihm das Spiel. Nun wollte er auch zeigen, was er konnte. Er schnappte sich eine besonders große Kokosnuss, nahm Anlauf, peilte die Essig- und Ölflaschen auf dem Regal an und zielte. Es knallte und klirrte. „Bravo, Volltreffer! Jetzt die Lampe", gluckste das Schwein. Nun zielten sie abwechselnd. Ein Lämpchen nach dem anderen zerbrach. „Jetzt noch das letzte", keuchte der Hund. „Achtung, fertig ...!" In diesem Moment flog die Küchentür krachend an die Wand. „Was ist hier ...", wollte der Zauberer gerade brüllen, als der Hund Anlauf nahm und die Kokosnuss in Richtung Lampe schleuderte. Da der Zauberer allerdings direkt davor stand, flog sie mit voller Wucht an seinen Kopf. Mit weit aufgerissenen Augen und noch weiter aufgerissenem Mund starrte Kannnix die beiden an. Dann begann er mit dem Oberkörper zu kreisen und fiel plötzlich um – wie ein nasser Sack.

„Das ist nicht wahr", winselte der Hund. „Das ist nicht wahr!" Verzweifelt bedeckte er mit beiden Pfoten seine Augen und flüsterte: „Ich träume. Ich träume einen Albtraum, einen ganz schrecklichen Albtraum! Jetzt wache ich auf und alles ist gut." Als er vorsichtig die Pfote von einem Auge wegzog, sah er,

dass der Zauberer noch immer regungslos auf dem Boden lag. „Er ist tot! Ich habe ihn erschlagen!", schluchzte er laut. „Ich bin ein Killer. Ich bin der Kokosnusskiller. Oh nein! Wie schrecklich!" Weinend warf er sich auf den Boden. Alle viere von sich gestreckt, lag er nun zwischen Kokosnusstrümmern, Scherben, Essig, Öl, Paprika, Zimt, Zucker, Mehl, Kakao, Sirup, Nudeln, Parmesan und vielen klebrigen Flüssigkeiten. Während er immer lauter vor sich hin jammerte, bemerkte er nicht, dass das Schwein den Zauberer von Kopf bis Fuß beschnüffelte. Ganz aus der Ferne hörte er: „Ich glaube, der wacht gleich auf. Überleg dir schnell, was du dann tust." Genau in diesem Moment wurden beide unsanft hochgerissen und so stark hin und her geschüttelt, dass ihnen Hören und Sehen verging. „Ihr seid so dumm, dass es brummt, hört ihr?", schrie ihnen der Zauberer in die Ohren. Das Schwein in der rechten Hand, den Hund in der linken, lief Kannnix schnurstracks zur Giftküche. „Ab jetzt weht hier ein anderer Wind", brüllte er. Während der Hund noch überlegte, was das mit dem Wind zu tun haben könnte, wurden er und das Schwein auf einen hohen Tisch geschleudert.

Ängstlich kreisten seine Hundeaugen hin und her. Als der Zauberer gleich darauf mit verschiedenen Flaschen hantierte und murmelnd eine Flüssigkeit in die andere schüttete, flüsterte er zum Schwein: „Was sollen wir jetzt tun?" „Ruhe!", donnerte der Zauberer, „ich muss mich konzentrieren, es geht um eure Dummheit, äh, besser gesagt, um eure Klugheit. Ihr wollt doch endlich ganz, ganz klug werden, oder?" Prüfend schaute Kannnix erst den einen, dann den anderen an. Während der Hund erleichtert nickte und freudig mit dem Schwanz wedelte, blieb das Schwein regungslos. Es hatte sich vorgenommen, mit dem Zauberer kein einziges Wort mehr zu sprechen.

Das totale Durcheinander

„Mit dir fangen wir gleich an, Schwein!" Grinsend näherte sich ihm der Zauberer mit einer großen Flasche, in der eine giftgrüne Flüssigkeit brodelte.

„Wenn du zwei kleine Schlückchen genommen hast", schmeichelte der Zauberer, „wirst du ein neues Schwein sein. Intelligent und wissbegierig. Nach nur zwei winzig kleinen Schlückchen wirst du deinen dummen, dummen Kopf verloren und einen neuen klugen Kopf bekommen haben." Er drehte sich zum Hund: „Und bei dir wird es genauso sein. Lasst es uns gleich ausprobieren." „Nicht mit mir!", antwortete das Schwein energisch, „ich mach das Maul nicht auf. Trink das blöde Gesöff doch selbst." Drohend runzelte der Zauberer die Stirn. Streng starrte er zuerst dem Schwein, dann dem Hund tief in die Augen, brummte einige undeutliche Worte und plötzlich sperrten beide ihre Mäuler weit, weit auf. Kannnix schüttete erst dem einen, dann dem anderen zwei kräftige Schlucke der grünen Brühe ins Maul. „Schlucken!", befahl er, und beide würgten das Zeug hinunter. Erwartungsvoll klatschte Kannnix in die Hände: „Und? Habt ihr etwas bemerkt? Wie viel ist 1273988 mal 5614292?" Beide schwiegen. „Na? Was ist?" Wieder sagte keiner ein Wort. Geistesabwesend blickten sie durch ihn hindurch. „Donnerwetter, das gibt es doch nicht. Vielleicht braucht ihr noch mehr davon. Mäuler auf!" Automatisch taten sie, was er verlangte. Schnell verteilte er die restliche Flüssigkeit. Einmal hier und einmal da. Und wieder schluckten sie brav. Doch was war das? Plötzlich erfüllte ein immer lauter werdendes Getöse die Luft. Unzählige Blitze sausten neben den beiden in den Tisch. Und wie von Geisterhand lösten sich der Hundekopf und der Schweinekopf von ihren Körpern und wirbelten durch den Raum.

Kannnix erstarrte. „Nein, nein, zurück an den Platz!", rief er ganz aufgeregt. Doch die Köpfe schwirrten unbeirrt weiter durch den Raum. „Himmel, wo ist

denn dieses verflixte Zauberbuch? Und wie heißt er nur, dieser eine Satz?", stöhnte er. „Satz, Satz, Satz, wie war das doch gleich?" Da erhellte sich seine finstere Miene und er rief: „Köpfe springt mit einem Satz auf den Platz." Das Getöse ließ nach, die Köpfe drehten langsam eine letzte Runde und ließen sich mit einem Plumps auf den Körpern nieder. Erleichtert wischte sich Kannnix den Schweiß von der Stirn. Geschafft, es war geschafft! Freudig schaute er die beiden an. Doch nein! Er taumelte. Das konnte nicht wahr sein! Er traute seinen Augen nicht. Der Kopf des Schweins saß auf dem blauen Hundekörper und der Hundekopf saß auf dem Schweinekörper.

„Donnerblitz, das darf doch nicht wahr sein!" Händeringend starrte er auf die zwei seltsamen Figuren. „Könnt ihr nicht endlich einmal das tun, was ich will?", schrie er. „Ich habe mich so bemüht, euch schlau zu machen. Und dann so etwas! Ihr wollt mich immer nur ärgern. Einfach die Köpfe vertauschen, wo gibt's denn das? Warum müsst ihr mich bloß immer so quälen. Ihr seid bösartig, bösartig!" Während er vor sich hin jammerte, lief er auf und ab. Dann stürmte er plötzlich wie ein geölter Blitz zur Giftküche hinaus.

Noch ein bisschen benommen schauten die beiden Tiere sich an. Das Tier mit dem Schweinekopf begann schallend zu lachen. „Was ist denn mit dir passiert? Du siehst so seltsam aus." „Und du erst!", kicherte das Tier mit dem Hundekopf, „du siehst richtig doof aus!" Beide bogen sich vor Lachen.

Dann fing das Schwein an zu singen und der Hund setzte mit ein:

Ein Zauberer lebte ganz allein
mit einem Hund und einem Schwein.
Er ließ sie schuften immerzu,
sie hatten wirklich niemals Ruh'.
Schlauheit wollt' er ihnen schenken,
tolles Wissen, tolles Denken.
Zauberte hin und zauberte her,
zaubern fällt ihm gar so schwer.
Dem Schwein, dem Hund,
man möcht's nicht glauben,
konnte er die Köpfe rauben!
Diese sitzen nun ganz fest
auf dem falschen Körperrest.
Leider hat er nicht bedacht,
dass die Welt nun schallend lacht.
Jeder weiß jetzt ganz genau:
Kannnix, der ist gar nicht schlau!
Kannnix, der ist gar nicht schlau!

Was nun?

Zauberer Kannnix war gerade dabei, sein Fünfmal-um-die-Ecke-Schauglas aufzustellen, als die beiden aufgebracht auf ihn zu stürzten. Der Schweinekopf begann: „Wir möchten unsere Körper wieder haben." Kannnix war jedoch so sehr mit dem Fernrohr beschäftigt, dass er die beiden gar nicht beachtete. „Wir möchten unsere Körper wieder haben – und zwar sofort", wiederholte der Schweinekopf drohend. „Ja, sofort!", bellte der Hundekopf. Wieder reagierte Kannnix nicht. „Großer Meister", schmeichelte nun der Hundekopf, „dürfen wir um deine Aufmerksamkeit bitten?" „Stört mich nicht. Ich habe Wichtigeres zu tun", knurrte Kannnix, während er das Fernglas langsam hin und her bewegte. „Wir fühlen uns aber so, so unendlich blöd ..." Der Zauberer lächelte: „Unendlich blöd? Da habt ihr endlich die Wahrheit erkannt! Etwas Besseres konnte euch gar nicht passieren. Ihr wolltet leider nie richtig lernen! Habt Entfernungen mit Knochen, Würsten und Pfunden berechnet, Diktate versaut, gelesen wie stotternde Esel. Wie habe ich mich bemüht mit euch Nichtsnutzen. Und ihr? Ihr habt mich nur geärgert! Meine Zauberkunststücke habt ihr bekämpft!"

„Lieber, lieber Zauberer, wenn du mir meinen Körper wieder gibst, lerne ich auch jeden Tag wie verrückt", säuselte der Hundekopf und bekam dafür sofort einen

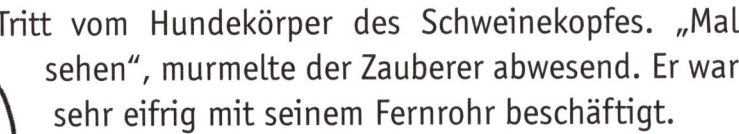

Tritt vom Hundekörper des Schweinekopfes. „Mal sehen", murmelte der Zauberer abwesend. Er war sehr eifrig mit seinem Fernrohr beschäftigt.

„Zum Donnerwetter", schimpfte der Schweinekopf, „jetzt reicht es mir aber. Wir fordern, dass du uns sofort zurückverzauberst." Gequält erwiderte der Zauberer: „Null Interesse! Null Lust! Null Zeit!". Nun wurde der Schweinekopf immer wütender. „Glaubst du eigentlich", schrie er so laut er konnte, „wir hätten nicht bemerkt, dass du gar nicht richtig zaubern kannst? Wahrscheinlich hast du das Zaubern nie im Leben wirklich gelernt. Aber wir, wir sollten immer alles können. Alle blöden Arbeiten sollten wir für dich machen. Rechnen, schreiben, lesen!" „Ruhe", wetterte der Zauberer und schwenkte dabei das Fernrohr vor Wut heftig hin und her, „du bringst mich ganz durcheinander!" „Ich bringe dich durcheinander?" Die Stimme des Schweinekopfs überschlug sich: „Du hast uns durcheinander gebracht! Schau uns doch an. Nur wegen dir sind wir jetzt ...", er stockte und seine Stimme zitterte, als er sagte: „... ein Schweinehund und ein Hundeschwein." „Ein Schweinehund und ein Hundeschwein", wiederholte der Zauberer abwesend. Er starrte wie gebannt durch sein Fünfmal-um-die-Ecke-Schauglas.

„Mach das sofort rückgängig, sofort!", schrie nun der Schweinehund. Der Zauberer hob den Kopf und meinte kleinlaut: „Das geht jetzt nicht mehr." „Geht jetzt nicht mehr? Was heißt denn das?", krächzte das Hundeschwein verzweifelt.

„Ich habe nur noch wenig Zauberkraft", sagte Kannnix betreten. „Und den Rest muss ich mir unbedingt für den Lernling aufheben." „Für den Lernling?", riefen beide wie aus einem Mund. „Ja, ich suche dringend einen Lernling, der mir hilft, das *Buch der Lerngeheimnisse* zu finden." „Ein Lernling? Was ist denn das?", wollte das Hundeschwein wissen. „Ein Lernling ist ein Schüler vom Planeten Erde. Leider können nur sehr, sehr gute Lernlinge das Buch finden. Ich muss also einen Lernling auftreiben, der nur Einsen schreibt", erklärte Kannnix. „Und was ist das *Buch der Lerngeheimnisse*?", bohrte der Schweinehund weiter. „Das *Buch der Lerngeheimnisse* liegt im Zimmer des besonderen Wissens auf Pladerile, dem Planeten des richtigen Lernens. Man sagt, dass derjenige, der dieses Buch besitzt, alles über das Lernen weiß." „Alles weiß?" riefen Schweinehund und Hundeschwein gleichzeitig. „Ja, alles weiß!" Kannnix nickte begeistert. „Und wozu brauchst du das *Buch der Lerngeheimnisse*?", wollten nun beide dringend wissen.

Jetzt begann Kannnix zu erzählen, dass Zauberobermeister Aliksir ihm 99 Tage Zeit gegeben hatte, sich auf die Zaubermeisterprüfung vorzubereiten. Warum, das verschwieg er lieber. 97 Tage waren nun schon vergangen. Doch er hatte beim besten Willen keine Zeit gehabt, sich vorzubereiten. Wirklich! Schließlich musste er sich ja Tag und Nacht um seine beiden Haustiere kümmern. Schweinehund und Hundeschwein glotzten ihn fassungslos an. „So eine Lüge!", wollte der Schweinehund gerade sagen, da fragte das Hundeschwein ängstlich: „Und was geschieht, wenn du die Prüfung nicht machst?" „Dann werde ich nie mehr zaubern können", antwortete Kannnix. „Das darf doch wohl nicht wahr sein! Und was passiert dann mit uns?", zischte der Schweinehund wütend. Kannnix zuckte mit den Schultern. „Nichts", murmelte er. Der Schweinehund holte tief Luft, einmal, zweimal und dann noch einmal, überlegte kurz und meinte dann: „Also gut, ich helfe dir bei der Suche nach diesem komischen Lernling. Aber wenn du das Buch hast, dann zauberst du uns sofort zurück, sonst kannst du was erleben!" Kannnix überhörte die Drohung. Gedankenverloren starrte er durch das Fernrohr. Lauter Sterne und Planeten.

Ein Lernling

Doch was sah er da plötzlich? Das Fünfmal-um-die-Ecke-Schauglas zeigte ihm einen Lernling! Einen echten Lernling vom Planeten Erde! Und noch dazu einen blitzgescheiten. Mit vielen, vielen Einsen! So ein Glück, so ein Glück! Der musste her. Genau der! Jetzt galt es gut zu überlegen. Dieses Kind von der Erde musste so schnell wie möglich nach Schei-kaos gezaubert werden. Er hüpfte vor Freude auf und ab. Nun brauchte er nur noch den geeigneten Zauberspruch. So schnell er konnte lief er zur Giftküche, um sein Zauberbuch zu holen.

„Was ist denn mit dem los?", wunderte sich das Hundeschwein, als Kannnix wortlos davonraste. „Vielleicht hat er was gefunden? Lass mich mal durch das Fernrohr schauen." Neugierig schob der Schweinehund das Hundeschwein zur Seite und zog einen wackeligen Hocker heran. Hastig stieg er hinauf und presste sein rechtes Auge gespannt auf das Fernrohr.

Siehst du etwas? Sag schon!" Ungeduldig zog das Hundeschwein am Schwanz des Schweinehundes. „Lass das! Ich muss mich konzentrieren!", herrschte ihn

der Schweinehund an. „Oho, was ist denn das?", rief er überrascht. „Ich sehe einen Lernling mit einem Blatt in der Hand." „Mit was für einem Blatt?", wollte das Hundeschwein wissen. „Es steht Z e u g n i s drauf." Der Schweinehund las das Wort lang und gedehnt. „Und was noch?", fragte das Hundeschwein weiter. „F l o r i a n ..." „Oh, tatsächlich, der hat lauter Einsen", jubelte der Schweinehund nun ganz begeistert.

„Lass mich auch mal schauen!" Das Hundeschwein hielt sich am Bein des Schweinehundes fest und wollte nun auch auf den Hocker steigen. Dieser begann zu wackeln, der Schweinehund verlor das Gleichgewicht und schwups, beide fielen zu Boden. „Bist du total verrückt geworden?", fauchte der Schweinehund, als sie sich langsam wieder aufrichteten. „Du hast mich gegen das Fernrohr geschubst. Hoffentlich haben wir den Lernling jetzt nicht aus den Augen verloren. Achtung, da kommt der Zauberer!" „Am besten verstecken wir uns schnell", flüsterte das Hundeschwein und zog den Schweinehund mit sich in die Ecke.

Mit seinem Zauberbuch in der Hand brummte Kannnix zufrieden: „Das Fernglas ist ja schon ganz genau auf Florians Platz in der Schule gerichtet. Jetzt noch den richtigen Zauberspruch und dann ...", er rieb sich die Hände, „dann gehörst du mir, Bürschchen. Welcher Zauberspruch wäre dafür wohl geeignet?" Er blätterte und blätterte. „Ah, hier." Laut las er: „Keine Pflanze und kein Tier brauch ich hier." Glücklich schüttelte er sich selbst die Hand: „Toll gemacht, Kannnix! Genau, das ist der erste Teil des Zauberspruchs. Mal schauen, was ich anhängen könnte." Voller Begeisterung rief er: „Schweinehund, Hundeschwein, sofort zur Stelle!" Nichts rührte sich. „Ach, was soll's, die können mir jetzt gestohlen bleiben. Gleich wird ja dieser Florian hier sein!" Und das war ein Lernling, wie er ihn sich vorstellte. Einer, der wahrscheinlich immer alles fehlerfrei erledigte. Einer, der schnell und gut und gründlich lernte. Einer, von dem er, Kannnix, vielleicht heimlich lernen konnte? So einen klugen Kopf würde er hier oben gut gebrauchen können. Sobald er das *Buch der Lerngeheimnisse* besäße, hätte Zauberobermeister Aliksir keine Macht mehr über ihn. Beschwörend flüsterte er nun: „Keine Pflanze und kein Tier brauch ich hier. Raum und ...", er stockte. „Wie war das doch gleich?" Er konnte sich nicht mehr erinnern. „Teufel aber auch! Raum und ...?" Nein, es fiel ihm tatsächlich nicht mehr ein. Ärgerlich griff er nach dem Zauberbuch. „Wo steht denn bloß dieser dämliche Spruch?" Er hatte die Seitenzahl vergessen. Schnaubend vor Wut blätterte er hin und her. Gleichzeitig schaute er durch das Fernglas, ob das Bürschchen noch da saß. Aber was war denn das? So ein Durcheinander in dieser Klasse! Himmel, jetzt musste er aber sehr, sehr schnell handeln. Wie aus der Pistole geschossen schrie er nun: „Raum und Zeit durchquere gleich, lande weich!" Puh, das war endlich geschafft! Zufrieden kraulte er sein rechtes Riesenohr. Gleich würde Florian in seiner Burg landen. Erleichtert ließ er sich in einen Sessel fallen – und zischte jaulend sofort wieder in die Höhe. Eine herausstehende Feder hatte sich in seinen Allerwertesten gebohrt. „Nichts, aber auch gar nichts bleibt mir erspart!", donnerte er. Eine Hand auf seine schmerzende Pobacke gepresst, humpelte er laut fluchend zu seinem Bett. Fest biss er die Zähne zusammen. Seinen neuen Gast wollte er auf keinen Fall jammernd empfangen.

Schweinehund und Hundeschwein hatten von ihrem Versteck aus alles ganz genau beobachtet. Da sie natürlich ebenfalls sehr gespannt auf den Lernling waren, gesellten sie sich unauffällig zu Kannnix. Nun warteten alle drei gespannt auf den großen Augenblick.

Das ging daneben

Die Zeit verging, aber der Lernling tauchte nicht auf. „Kann es sein, dass du schon jetzt nicht mehr richtig zaubern kannst?", fragte der Schweinehund den Zauberer. „Quatsch, da muss irgendetwas schief gelaufen sein." Schimpfend lief

Kannnix zu seinem Fernrohr. Seine Ohren hatte er weit nach vorne geklappt. Das war kein gutes Zeichen! Schweinehund und Hundeschwein rannten gespannt hinter ihm her. Lange schaute Kannnix suchend durch das Schauglas. „Himmel, nein!", stöhnte er plötzlich.

„Da hockt irgendein Lernling auf dem Planeten Pladerile. Es ist aber nicht der, den ich gemeint habe! Was ist denn da passiert?" „Lass mich mal sehen." Der Schweinehund schob den verwirrten Kannnix zur Seite, zog den Hocker zum Fernglas und kletterte schnell hinauf. „Donnerblitz, das ist tatsächlich ein anderer Lernling. Was macht denn der auf Pladerile?" „Ich kann mir das nur so erklären", stammelte Kannnix, „dass meine Zauberkraft nur noch bis dorthin gereicht hat. Oje, oje, oje! Jetzt weiß ich wirklich nicht mehr, was ich tun soll", jammerte er.

„Kein Problem!", sagte der Schweinehund wichtigtuerisch. „Ich kümmere mich schon um diesen Typen." „Ich auch, ich auch", rief das Hundeschwein schnell. Zweifelnd sah der Zauberer die beiden an. Doch der Schweinehund fuhr fort: „Du musst mich nur irgendwie nach Pladerile bringen. Und wenn wir das Buch haben, musst du mich gleich wieder zurückholen." Kannnix nickte erschöpft. Dicke Schweißperlen liefen über sein Gesicht. „Na klar", antwortete er, „aber wir müssen uns höllisch beeilen." „Und das Zimmer des besonderen Wissens? Wie finde ich das?", fragte der Schweinehund. „Das Zimmer des besonderen Wissens ist am Ende des Palastes. Warte, ich zeige es dir." Forschend bewegte Kannnix das

Fünfmal-um-die-Ecke-Schauglas nach rechts und nach links. „Schau", sagte er und zog den Schweinehund auf den Hocker. „Immer der zuerst", maulte das Hundeschwein beleidigt. Es ärgerte sich sehr, dass Kannnix immer nur den Schweinehund beachtete. „Siehst du es?", fragte der Zauberer. „Aha, so sieht das also aus. Immer geradeaus!", staunte der Schweinehund. „Aber wie sollen wir die vielen Wachen austricksen?" „Da gibt es nur eine Möglichkeit", meinte Kannnix grübelnd. „Ihr müsst das Buch in der Stunde vor Mitternacht klauen. Zwischen 11 und 12 Uhr schlafen nämlich alle Fliegenferkel tief und fest. Genau in dieser Zeit wird Nacht für Nacht das Wissen des Weltalls in das Buch übertragen. Und denke daran, dass nur der Lernling das Buch nehmen kann. Wenn er es hat, dann rennt ihr sofort zurück zur Landestelle. Genau um Mitternacht werde ich euch von dort aus zurückbeamen."

Seine Augen blitzten und wieder einmal rieb er sich vor Begeisterung die Hände. Nun begann der Schweinehund zu drängen: „Beeil dich! Fang' schon mal an zu zaubern. Massenhaft Zeit bleibt uns ja schließlich nicht mehr!" Kannnix zauberte und zauberte, aber es passierte nichts. Mit jedem Versuch wurde er mutloser und auch das Hundeschwein hatte schon alle Hoffnung aufgegeben. Nur der Schweinehund feuerte ihn immer wieder an, bis es schließlich doch noch klappte. „Denk an das Zauberwort!", hörte er noch, als ihn ein heftiger Wirbel packte. Mit Lichtgeschwindigkeit sauste er durch das Weltall. Doch ehe er sich versah, wurde er mit voller Wucht in hohes Gras geschleudert.

Auf Pladerile

Es dauerte eine ganze Weile, bis er sich ächzend und stöhnend aufrichten konnte. Jeder einzelne Knochen schmerzte. Er war so sehr mit sich beschäftigt, dass er erschrak, als jemand neben ihm sagte: „Was bist du denn für ein schräger

Vogel? Fällst du öfter als Schweinehund, oder was auch immer du bist, vom Himmel?" Der Schweinehund beherrschte sich. Er wollte nichts falsch machen. Gequält lächelte er und sagte sehr, sehr höflich: „Hallo liebster Lernling, wie geht es dir? Ich freue mich, liebster Lernling, ..." „Quatsch' nicht so blöd", wurde er schroff unterbrochen. „Sag mir lieber, wie ich von diesem Schrottplaneten wieder wegkomme." Der Schweinehund schluckte: „Kannst du haben, Lernling. Musst mir allerdings erst helfen, das *Buch der Lerngeheimnisse* zu finden."

„Hörst du endlich mal auf, mich Lernling zu nennen? Ich heiße Nubo, N u b o. Hast du verstanden? Und ich will sofort, s o f o r t nach Hause! Kapiert?" Nochmals versuchte der Schweinehund sich sehr zu beherrschen und schmeichelte: „Schöner Name, Nubo. Das hab ich zwar noch nie gehört, aber ist wirklich schön, echt wunderschön." „Willst du mich vielleicht auf den Arm nehmen? Was soll dieses blöde Gerede?", erwiderte Nubo ärgerlich. „Jetzt reicht es mir aber mit dem Typen!", dachte der Schweinehund. „Lange genug hab ich um den herumgeschleimt. Was bildet der sich eigentlich ein?" Er schnaufte tief durch, biss die Zähne zusammen und begann dann ganz sachlich zu erklären: „Wir haben dich auf den Planeten Pladerile gebeamt, damit du uns hilfst, das *Buch der Lerngeheimnisse* aufzutreiben. Nur Lernlinge vom Planeten Erde können das Buch finden, und nur solche", fügte er hinzu, „die in der Schule sehr gut sind." „Pech gehabt!", grinste Nubo. „Erstens ist mein Spitzname Nubo. Das kommt von ‚Null Bock' – und das sagt doch schon alles, oder? Zweitens finde ich Bücher langweilig. Drittens interessieren mich keine Lerngeheimnisse und viertens bin ich saumäßig schlecht in der Schule. Kurz, ich bin der Falsche."

Dem Schweinehund verschlug es die Sprache. „Oje, oje. Jetzt bloß keine Panik", dachte er „Das hatte ich ja schon fast geahnt. Aber ..., egal. Auch wenn der nicht der Beste ist, Hauptsache, er ist ein Lernling vom Planeten Erde. Nur muss ich jetzt gut aufpassen und sehr geschickt mit diesem seltsamen Vogel umgehen. „Nein, nein", log er, „du bist absolut nicht der Falsche, du bist der ganz besonders Richtige! Wir haben genau dich aus einer großen Anzahl von Lernlingen ausgewählt, weil du ...", er überlegte, „weil du nie mehr Schulstress und nur noch gute Noten haben wirst, wenn du uns hilfst, das Buch zu bekommen." „Nie mehr Schulstress? Nur noch gute Noten?", fragte Nubo ungläubig. „Ist doch klar!", rief der Schweinehund begeistert. „Du musst auch nie mehr lernen, du kannst einfach alles, wenn du das *Buch der Lerngeheimnisse* gefunden hast." Das fand Nubo nun doch interessant. Er dachte: „Vielleicht ist an der Sache ja was dran. Hauptsache, ich kann schnell zur Erde zurück!" Und er sagte so cool wie möglich: „Wenn das so ist, dann leg mal los."

Nun erklärte ihm der Schweinehund, dass das Buch im Palast von Zauberobermeister Aliksir sei. „Es liegt im Zimmer des besonderen Wissens", hauchte er bedeutungsvoll, „und wird von den Fliegenferkeln strengstens bewacht. Übermorgen soll nun mein Zauberer Kannnix genau dort eine Prüfung machen." „Kannnix? Toller Name, der gefällt mir", lachte Nubo. „Dann kannst du dir doch sicher sehr gut vorstellen, dass Kannnix null Bock hat, eine Prüfung zu machen!" Nubo nickte sehr verständnisvoll. „Und stell dir vor, er hat genau dich ausgewählt, um ihm das Buch zu bringen. Also, hilfst du mir nun, diese Fliegenferkel auszutricksen und das Buch zu klauen?" „Was sind denn eigentlich Fliegenferkel?", fragte Nubo neugierig. „Weiß ich auch nicht genau", antwortete der Schweinehund. „Ist doch auch egal. Hauptsache, wir kriegen das Buch und sind bis spätestens Mitternacht wieder hier an dieser Stelle." „Zauberer Kannnix wird uns dann gleich zurückbeamen", brummte der Schweinehund – und hoffte dabei inständig, dass das auch wirklich klappen würde.

Das Buch der Lerngeheimnisse

Der Palast von Zauberobermeister Aliksir war schon von Weitem sichtbar. Tausende von Fackeln erleuchteten ihn taghell. Es war kurz vor 11 Uhr, als die beiden am Rande des Platzes ankamen, der vor dem großen Palast lag. Durch die Büsche sahen sie, wie das riesengroße Palasttor im Licht der Fackeln funkelte. „Achtung!" Der Schweinehund drückte Nubos Kopf gerade noch rechtzeitig nach unten. Eine Gruppe von Fliegenferkeln war im Turbotempo unmittelbar an dem Busch vorbeigeflogen, hinter dem sie sich versteckt hatten. Die Fliegenferkel hatten es sehr, sehr eilig, zum Palast zu kommen. In dem Moment, als sie darin verschwunden waren, rief der Schweinehund: „Los!", und beide rannten so schnell sie konnten zum Tor. Mit Wucht warf sich Nubo dagegen. Er drückte und drückte, doch das Tor bewegte sich keinen Millimeter. „Ich hab mir doch gleich gedacht, dass das schief geht!", meinte er keuchend. „Das Zauberwort!", erinnerte sich der Schweinehund. „Wie heißt nur das bescheuerte Zauberwort?" „Bitte, danke, Mama, Papa, Nubo", schrie Nubo wie aus der Pistole geschossen. Doch nichts rührte sich. Der Schweinehund verdrehte die Augen und schüttelte den Kopf. „Hat es vielleicht etwas mit Lerngeheimnis zu tun?", murmelte er. Kaum war das Wort ausgesprochen, öffnete sich das Tor wie von Geisterhand. Erschreckt und mit riesengroßen, erwartungsvollen Augen starrten nun beide in das Innere des Palastes. So etwas hatten sie noch nie gesehen: Bücher, Bücher und nochmals Bücher. „Um Himmels willen, wie sollen wir bei dieser Masse von Büchern genau dieses eine Buch finden?", fragte Nubo und kratzte sich nachdenklich am Kopf. Ohne zu antworten packte ihn der Schweinehund an der Hand und zog ihn mit sich. Zielstrebig und ohne nach links und rechts zu schauen, lief er von einem Raum zum anderen, wobei er Nubo hinter sich herschleppte. Immer der Nase nach. Jede neue Tür sprang auf, sobald der Schweinehund „Lerngeheimnis" flüsterte. Und jeder neue Raum war prächtiger und mit mehr Büchern gefüllt, als der vorherige. Weit und breit war niemand zu sehen und so gelangten sie ungehindert immer tiefer in das Innere des Palastes. Vor einer Glastür blieben sie plötzlich wie angewurzelt stehen. Beiden war augenblicklich klar, dass sie das Zimmer des besonderen Wissens erreicht hatten. Helles, warmes Licht strahlte ihnen entgegen. „Was ist denn das?", flüsterte der Schweinehund aufgeregt und deutete auf die vielen seltsam aussehenden Geräte im Inneren des Raums.

„Roboter, lauter Roboter", wisperte Nubo. Tatsächlich waren dort viele Roboter unterschiedlicher Größe zugange. Mit langen schlangenartigen Armen nahmen sie Bücher aus den Regalen, saugten sie aus und stellten sie anschließend wieder an den alten Platz zurück.

„Und was machen wir jetzt?", flüsterte Nubo. Wortlos deutete der Schweinehund auf ein Glaskästchen in der Mitte des Raumes. „Das ist es, aber wie kommen wir da ran?", murmelte er ehrfürchtig. „Reingehen, rausnehmen, wegrennen! Was sonst?", meinte Nubo forsch. Der Schweinehund hielt die Luft an und nahm all seinen Mut zusammen. „Lerngeheimnisse", hauchte er und die Glastür öffnete sich augenblicklich. Geduckt, aber zu allem entschlossen, huschten nun beide, die Roboter fest im Blick, in das Innere des Zimmers des besonderen Wissens. Die Roboter schienen sie nicht zu bemerken. Sie arbeiteten ununterbrochen weiter. *„Buch der Lerngeheimnisse"*, las der Schweinehund stotternd, als sie geduckt vor dem Glaskästchen standen.

Einen Moment lang schienen sie unentschlossen. „Jetzt!", sagte der Schweinehund plötzlich und beide griffen gleichzeitig nach dem Buch. Jeder von ihnen wollte den Schatz als Erster besitzen. Ein kurzes, aber heftiges Gerangel folgte und Nubo hielt triumphierend das Buch in der Hand. „Ich bin schließlich der Lernling!" zischte er stolz. Verärgert schubste ihn der Schweinehund zur Seite und grunzte: „Jetzt mach schon! Sonst kommen wir hier nie mehr weg." Und so schnell sie konnten, rasten sie zum Ausgang des Palastes. Nubo, der das Buch fest unter den Arm geklemmt hielt, versuchte mit dem Schweinehund Schritt zu halten. Doch schon nach kurzer Zeit hatte er das Gefühl, das Buch würde schwerer und schwerer werden. Mehrmals musste Nubo stehen bleiben, um neue Kraft zu sammeln. Kurz vor dem Ziel konnte er das Buch, trotz größter Anstrengung, nicht mehr halten. Es glitt ihm aus der Hand. Beim Aufprall auf den Boden öffnete es sich. Als er sich bückte, um es wieder aufzuheben, konnte er nicht glauben, was er sah. „Das gibt es nicht!", schrie er entsetzt. „Leer, total leer!" Der Schweinehund, der schnell zurückgelaufen war, um ihm zu helfen, war fassungslos. Verzweifelt blätterte er vorwärts und rückwärts und vorwärts und rückwärts. „Das ist die größte Gemeinheit der Welt!", kreischte er so laut, dass sich seine Stimme überschlug. „Ein *Buch der Lerngeheimnisse* mit lauter leeren Seiten. So eine unverschämte Frechheit. Die haben uns total ausgetrickst!"

Zauberobermeister Aliksir

„Bist du dir da wirklich sicher?", fragte eine tiefe Stimme hinter ihnen. Erschreckt fuhren die beiden herum. Sie glaubten zu träumen. Vor ihnen stand ein Mann in langem, weitem Mantel und hinter ihm waren lauter Fliegenferkel. Fliegenferkel so weit das Auge reichte. „Was, was soll das?", stotterte der Schweinehund. Mit weit aufgerissenem Maul starrte er in die Runde. Nubo stand wie versteinert neben ihm.

„Ich bin Zauberobermeister Aliksir und das hier", er machte eine weite Bewegung mit dem Arm, „das hier sind die Fliegenferkel. Ihr beiden seid nicht in freundlicher Absicht auf unseren Planeten gekommen. Ihr wolltet unser *Buch der Lerngeheimnisse*, das Buch des besonderen Wissens stehlen. Wir fragen euch: Warum?" Dabei blickte er erst Nubo und dann den Schweinehund streng an. „Ich, ich ...", Nubo wusste nicht recht, was er sagen sollte. Da ergriff der Schweinehund das Wort: „Er war es!", schrie er los und deutete dabei auf Nubo. „Er hat mich dazu überredet, ihm zu helfen. Er wollte nichts lernen, aber trotzdem gut sein in der Schule. Nubo heißt nämlich ‚Null Bock', müsst ihr wissen. Und Nubo ist ein Lernling. Und es heißt ja, dass nur Lernlinge vom Planeten Erde das Buch finden können. Und ich, ich war nur rein zufällig da, und, und …", er stockte, „und einem guten Freund muss man eben immer helfen!" Selbstsicher und von seiner Antwort restlos begeistert, blickte der Schweinehund in die Runde. Nichts um ihn herum regte sich. Es war so still, dass man eine Stecknadel hätte fallen hören können.

Nubo konnte nicht fassen, was der Schweinehund da sagte. „Frechheit!", rief er und bekam vor Aufregung einen hochroten Kopf. „Es stimmt überhaupt nicht, was der da sagt. Es war total anders: Ich bin in der Schule. Wir haben gerade Zeugnisse bekommen. Da ist mit einem Mal ein Höllenlärm. Ich weiß nicht, was los ist. Alles um mich herum wird schwarz und als ich die Augen wieder aufmache, sitze ich hier auf diesem Schrottplaneten! Und dann, dann fällt der plötzlich vom Himmel", sagte er und zeigte auf den Schweinehund. „Und der bequatscht mich, dieses bescheuerte Buch zu klauen, weil sein Zauberer K …!" Blitzschnell presste ihm der Schweinehund die Hand auf den Mund. „Alles gelogen! Alles gelogen!", schrie er. „Glaubt dem bloß nichts. Woher soll ich denn wissen, dass es so ein dämliches Buch gibt? Wo mich Bücher doch überhaupt nicht interessieren! Und überhaupt, was soll ich mit so einem blöden Buch, in dem gar nichts drinsteht?" Grelle Blitze zuckten über ihnen, als Aliksir laut dazwischen rief: „Schluss jetzt mit all diesen Lügengeschichten. Es reicht! Wir wissen, dass euch Zauberer Kannnix geschickt hat. Und wir wissen natürlich auch, warum! Kannnix hat euch beide für seine Zwecke benutzt. Und ihr", er schaute sie böse an, „und ihr habt das ausgeführt, was er sich ausgedacht hat. Dafür müsst ihr bestraft werden." „Lieber, lieber Zauberer", schmeichelte nun der Schweinehund, „sei doch nicht so hart zu uns. Gestraft sind wir doch schon genug. Schau mich an: Kein Schwein, außer mir, musste jemals rechnen, lesen und schreiben. Und weil Kannnix so doof ist und keine Ahnung vom Zaubern hat, bin ich jetzt sogar ein Schweinehund. Und der", er drehte sich zu Nubo, „der ist auch schon genug bestraft worden. Denn der ist saumäßig schlecht in der Schule und hat null Bock auf Lerngeheimnisse. Denk doch mal nach, lieber Zauberer, wir sind wirklich ganz unschuldig!"

Aliksir runzelte die Stirn. „Es ist richtig", sagte er, „dass ihr es bisher beide nicht leicht hattet. Trotzdem darf man nicht nehmen, was einem nicht gehört! Ich möchte euch einen Vorschlag machen: Ihr habt gesehen, dass das *Buch der Lerngeheimnisse* nur leere Seiten enthält. Ihr bekommt das wahre Buch als Geschenk, wenn ihr hier auf Pladerile an einer Lernexpedition teilnehmt." „Lernexpedition? Was soll das denn sein?", fragte Nubo nicht gerade begeistert. „Eine Lernexpedition ist eine Forschungsreise. Bei dieser Forschungsreise werdet ihr neue Dinge hören, sehen und auch tun. Im Laufe der Expedition werdet ihr lernen, wie ihr am besten lernen könnt", erklärte Aliksir. Er wandte sich an Nubo: „Und wenn du all das, was dir die Fliegenferkel beibringen, im Unterricht und bei den Hausaufgaben anwendest, dann wirst du in der Schule besser und besser werden." Die Fliegenferkel, die bisher geschwiegen hatten, nickten plötzlich alle ganz aufgeregt. „Lernen, wie man lernt?", presste Nubo verächtlich zwischen den Zähnen hervor, „das klingt ja richtig nach Arbeit!" „Genau, klingt richtig nach Arbeit!", wiederholte der Schweinehund maulend und fügte schnell hinzu: „Ich hab aber null Bock auf Arbeit!" „Lernen ist für mich auch das Allerletzte!", bekräftigte Nubo. Ein lang gezogenes, bedauerndes „Ooooooooh" zog sich durch die Reihen der Fliegenferkel. Nubo grinste den Schweinehund an und meinte: „Auf Lernquatsch kann ich immer gut verzichten." Der Schweinehund grinste zurück und meinte zustimmend: „Ich hab auch vom Lernen die Schnauze, äh, das Maul voll. Und jetzt lasst uns mit diesem Blödsinn in Ruhe." „Aha", sagte Aliksir, „ihr seid also beide der Meinung, nichts, aber auch gar nichts lernen zu wollen?" Bedeutungsvoll nickten die beiden einander zu. „Sicher?", fragte Aliksir noch einmal. „Aber immer", meinte der Schweinehund. Und um zu zeigen, dass er und Nubo gleicher Meinung waren, grapschte er nach Nubos Hand und hielt sie ganz, ganz fest. „Jetzt lasst uns gefälligst in Ruhe mit dem doofen Lerngequassel. Wir wollen hier weg!", sagte der Schweinehund. „Und zwar so schnell wie möglich!", fügte Nubo hinzu.

„Wie ihr wollt!", meinte Aliksir, hob seinen Zauberstab und sprach:

Was hier geschah, ist sogleich vergessen.
Keiner von euch hat das Buch je besessen.
Ich schicke euch beide verbunden zur Erde!
Der Schweinehund zum inneren Schweinehund werde.
In Nubos Kopf der Schweinehund schlüpft.
Von nun an sind sie untrennbar verknüpft.

Kaum hatte Aliksir das letzte Wort gesprochen, waren Nubo und der Schweinehund vom Planeten Pladerile verschwunden.

„Zauberobermeister, Zauberobermeister! Moment! Moment!" Eines der Fliegenferkel bahnte sich aufgeregt den Weg durch die Menge.

„Was ist, FF-Super?", fragte Aliksir, als das kleinste und pfiffigste der Fliegenferkel vor ihm stand. „Ich finde es sehr ungerecht, dass die beiden *untrennbar* miteinander verbunden sein sollen. Die passen doch ganz und gar nicht zusammen!", ereiferte sich FF-Super. „Der freche Schweinehund unterdrückt doch den

Nubo total! Das können, nein, das dürfen wir nicht zulassen. Ich möchte alles, alles tun, damit Nubo unter seinem inneren Schweinehund nicht so leiden muss!" Aliksir strich FF-Super freundlich lächelnd über den Kopf. „Hast du eine Idee, wie du das machen könntest?" „Ja, die habe ich!", sagte FF-Super entschlossen. „Einverstanden. Führe deine Idee aus!", meinte Aliksir wohlwollend. Erleichtert klatschten alle Fliegenferkel Beifall.

Aus und vorbei mit der Zauberei?

Auf Schei-kaos war momentan ganz, ganz dicke Luft. Kannnix und das Hundeschwein hatten mit dem Fünfmal-um-die-Ecke-Schauglas alles, was auf Pladerile geschah, genauestens beobachtet. Beide wussten, was das für sie bedeutete: Aus und vorbei mit der Zauberei! Sie jaulten herzzerreißend um die Wette. „Gib mir noch eine Chance, Aliksir. Noch eine Chance! Eine allerletzte, allerallerletzte Chance!", schrie Kannnix immer und immer wieder verzweifelt in das dunkle Weltall. Doch seine Worte verhallten in der Stille der Nacht.

Die Einladung

Als Nubo am nächsten Tag aufwachte, war ihm übel und er hatte grässliche Kopfschmerzen. „Was ist nur los mit mir?", dachte er. „Was ist passiert? Mir ist so komisch ... Was habe ich da nur geträumt?" Als er aufstand, sah er einen Brief auf seinem Schreibtisch liegen. Verwundert nahm er ihn und las:

Möchtest du die Sterne von Nahem sehen?
Oder auf der Milchstraße spazieren gehen?
Möchtest du den Mond an der Nase zupfen?
Oder eine Wolke von hinten anstupsen?
Möchtest du mal die Sonne begrüßen?
Oder Blumen auf meinem Planeten gießen?
Wenn du „Ja" sagst, dann komm zu mir.
Du lernst sehr viel, das verspreche ich dir!

Lieber Lernling,

während deine Klassenkameraden in der Schule schuften, darfst du auf dem einzigartigen Planeten Pladerile an einer kostenlosen, einmaligen und supertollen Lernexpedition teilnehmen!

Pladerile ist der Planet des richtigen Lernens.

Auf Pladerile leben die Fliegenferkel. Ihre Lieblingsbeschäftigung ist das Lernen. Die Fliegenferkel zeigen und erklären dir alles, was wichtig ist, um richtig zu lernen.

Morgen um 12:12 Uhr wird dich meine neue Super-Rakete FFSR mit Lichtgeschwindigkeit zu uns bringen.

Ich freue mich schon riesig auf dich!

Viele Fliegenferkelgrüße im Voraus

dein Fliegenferkel FF-Super

Während des Lesens hatte Nubo das Gefühl, als ob ein Ungeheuer in seinem Kopf toben würde. Er glaubte zu träumen, als er plötzlich einem Schweinehund in die Augen blickte, der zu ihm sprach:

Hallo, ich bin es, dein persönlicher Schweinehund!

Schau mich ruhig genau an. Ich weiß, ich sehe unheimlich stark aus! Normalerweise sitze ich ja als „innerer Schweinehund" in deinem Kopf und flüstere dir ein, was ich mag und was ich nicht mag. Aber nachdem du diesen blöden Einladungsbrief gelesen und auf einmal leuchtende Lern-Augen bekommen hast, musste ich sofort deinen Kopf verlassen. Übrigens herrscht bei dir da oben ein unheimliches Durcheinander. Lauter Kabel und Geistesblitze. Sehr gefährlich für mich! Vor allem wenn du lernst! Deshalb möchte ich dir auch immer wieder sagen, dass Lernen nur schadet. Natürlich gibt es viele andere Leute, die dich dauernd beschwatzen. Sie sagen: Lern schön! Konzentriere dich! Pass gut auf! Schreib gute Noten! Melde dich! Ich halte ja nichts von all dem Quatsch. Für mich ist es sehr wichtig, dass wir, ich und du, immer nur dann lernen, wann wir wollen. Dass wir, ich und du, nur das tun, was uns Spaß macht. Vor allem aber, dass wir toben, quatschen, Radiergummis werfen, nicht aufpassen, andere ärgern und so weiter. Ich bin immer dann ganz besonders stark, wenn du nur auf mich hörst, wenn du nur das tust, was ich möchte. Das gefällt dir doch, nicht wahr?

Und noch etwas: Steig auf gar keinen Fall in eine alte, verrostete und klapprige Rakete. Wer will denn schon zu dem komischen Planeten Pladerile fliegen? Und wer will denn schon lästige und langweilige Fliegenferkel kennen lernen? Ich kenne keinen, der das will!

Kurz gesagt: Vergiss doch einfach diese lächerliche Einladung! Aber was ich dir jetzt sage, das solltest du nie und nimmer vergessen:

Ich, der Schweinehund, bin dein bester Freund und Berater. Ich weiß ganz genau, was für dich gut und richtig ist!!! Und jetzt lass mich endlich, endlich meinen ersten Schweinehund-Song vorsingen!

Der Schweinehund-Song

Ich, der Schweinehund, dein bester Freund und Berater,
zeig dir, wie du lernen kannst,
ganz ohne Kopf-Muskelkater!
Am besten lehnst du dich zurück,
strampelst mit den Beinen,
wackelst mit dem linken Ohr,
streckst die Nase kräftig vor.
Sagst aha, oho, ihi,
Lernen macht mir keine Müh'.
Sagst aha, ihi, oho,
Lernen, das geht einfach so.
Sagst ihi, oho, aha,
glaub mir, es ist wirklich wahr:
Lernen ist sehr ungesund,
das grunz ich dir,
dein Schweinehund!
Und …
lach dich bloß nicht kugelrund!

Er hatte gerade aufgehört zu singen, als es plötzlich einen heftigen Knall gab und Fliegenferkel FF-Super mitten im Zimmer stand.

Fliegenferkel FF-Super: Hallo, lieber Lernling, da bin ich! Als ich heute mit meiner neuen Rakete durchs Weltall geschwirrt bin, hatte ich plötzlich riesige Lust, dich sofort auf der Erde zu besuchen. Ich konnte es gar nicht mehr erwarten, mit dir die tollsten Lernabenteuer zu erleben. Hast du Lust, gleich mit mir durchzustarten? Du wirst sehen, wie viel Spaß wir dabei haben werden. Natürlich sollst du auf die Abenteuer richtig gut vorbereitet sein. Deshalb möchte ich dir vorher ein paar wichtige Dinge erklären. Beim Lesen siehst du verschiedene Bilder:

Der nach oben zeigende Daumen bedeutet:
Achtung! Wichtige AHA-Faustregel!
Was das genau ist, erkläre ich dir später.

Der Stift zeigt dir, dass du jetzt etwas tun kannst, zum Beispiel: etwas unterstreichen, eine Aufgabe bearbeiten, ein Bild ausmalen oder einen Text ergänzen.

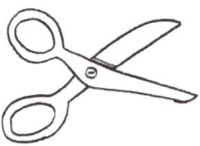

Die Schere zeigt dir, dass du etwas ausschneiden kannst.

Bei diesem Bild hörst du einen fetzigen Fliegenferkel-Rap.

Ja, das wäre vorläufig das Wichtigste. Wenn du willst, dann können wir gleich durchstarten!

Schweinehund: Stopp! Stopp! Stopp! Jetzt bin aber ich mal dran! Ich meine nämlich: Wissen ist zwar Macht – aber nichts wissen, macht auch nichts!

Bei diesem Bild hörst du jedes Mal einen locker-flockigen, poppigen Song von mir – echt cool!

Fliegenferkel FF-Super: Lieber Lernling, ich meine: Wissen macht Spaß! Bei der Expedition kannst du viele neue Dinge entdecken. Ich kann dir zum Beispiel zeigen, wie du das Lernen richtig lernst und wie du zum furchtlosen Dompteur eines Ungeheuers werden kannst.

Schweinehund: Dompteur eines Ungeheuers?

Fliegenferkel FF-Super: Ja, Dompteur eines großen Ungeheuers – und zwar von dir, Schweinehund!

Schweinehund: So ein unglaublicher Blödsinn! Ich wusste doch gleich, dass Fliegenferkel nur Ärger machen und schrecklich lästig sind. Was heißt hier Dompteur? Was heißt hier Ungeheuer? Ich bin doch kein Löwe, den man dressieren muss! Ich bin ein harmloses, kleines Schweinehündchen! Mir und dem Lernling braucht ein dahergeflogenes Lernferkel nichts beizubringen. Wir wissen schon alles! Alles!

Fliegenferkel FF-Super: Alles? Spuck bloß nicht so große Töne! Wollen wir doch mal sehen, ob du, Schweinehund, nicht auch etwas dazulernen kannst. Am besten hältst du jetzt die Klappe, putzt deine Nase und spitzt deine vier Ohren.

Komm mal mit, Lernling, ich will dir nämlich ein Geheimnis erzählen: Wir zwei sollten als Erstes einen Geheimpakt schließen. Wir beschließen, dass wir gemeinsam alle Lernabenteuer bestehen und den Schweinehund in der Schule und bei den Hausaufgaben bändigen. Aber pssst, niemand außer uns beiden soll von dem Geheimpakt wissen!

Geheimpakt

zwischen _____ und Fliegenferkel FF-Super
          (dein Name)

Ich bin mutig, tapfer und furchtlos und werde zu den Lernabenteuern aufbrechen! Ich bin neugierig und möchte viel Neues dazulernen. Ich werde mein Bestes tun, um alle Tricks und Tipps zu lernen und gebe auf gar keinen Fall auf! Versprochen!

_____ _____
Ort, Datum   Unterschrift

Schweinehund: **Ätsch! Ich hab vier Ohren, ich hab alles mitgehört! Phhh! Geheimpakt … Ich würde das nie unterschreiben! Aber wenn du unbedingt willst, dann schmiere wenigstens richtig grässlich!**

Fliegenferkel FF-Super: Danke, Lernling, dass du unseren Geheimpakt gelesen und so ordentlich unterschrieben hast! Ich bin schon wahnsinnig neugierig auf dich und möchte dich unbedingt besser kennen lernen. Deshalb wäre es ganz toll, wenn du mir ein bisschen von dir erzählen könntest:

Wie heißt du? _____

In welcher Klasse bist du? _____

Wie alt bist du? _____

Wann gehst du ins Bett, wenn du am nächsten Tag Schule hast? _____

Wann stehst du morgens auf, wenn du Schule hast? _____

Liest du gerne Bücher? _____

Wie heißt dein Lieblingsbuch? _____

_____

Siehst du jeden Tag fern? Wie lange ungefähr? _____

Hast du ein Hobby? Welches? _____

_____

Kennst du dich am Computer aus? _____

Weißt du schon, was du einmal werden möchtest? _____

_____

Machst du bei den Hausaufgaben Pausen? _____

Hast du manchmal Angst in der Schule? Warum? _____

_____

Machst du Sport? _____

_____

Gibt es ein Unterrichtsfach, das du gar nicht magst? Welches? _____

_____

Was macht dir beim Lernen am meisten Spaß? _____

_____

Und jetzt habe ich noch eine ganz, ganz, ganz wichtige Frage:

Jeder Mensch hat einen inneren Schweinehund, der in seinem Kopf wohnt und ihn vom Lernen abhalten will. Du auch! Er liegt zum Beispiel gerne faul auf dem Sofa und hört Musik, starrt Löcher in die Luft oder spielt ganz viele Computerspiele. Nur zum Lernen hat er meistens keine Lust ...

Was flüstert dir denn dein „innerer Schweinehund" ins Ohr, wenn du eigentlich deine Hausaufgaben machen solltest?

_____

_____

Glaubst du wirklich, dass er, wie er behauptet, beim Lernen dein bester Freund und Berater ist?

_____

Schweinehund: Ich hoffe, Lernling, du hast dir wirklich gut überlegt, was du da geschrieben hast! Jetzt schau mal, wie ein echter Schweinehund diesen lästigen Fragekram beantwortet:

Wie heißt du?	Schweinehund
In welcher Klasse bist du?	**In deiner Klasse**
Wie alt bist du?	**So alt wie du**
Wann gehst du ins Bett, wenn du am nächsten Tage Schule hast?	**Am liebsten ganz, ganz spät!**
Wann stehst du morgens auf, wenn du Schule hast?	**Wann ich Lust habe …**
Liest du gerne Bücher?	**Nööööööööö**
Wie heißt dein Lieblingsbuch?	**Ich hab kein Lieblingsbuch**
Siehst du jeden Tag fern? Wie lange ungefähr?	**Na klar! Am liebsten unendlich lange …**
Hast du ein Hobby? Welches?	**Faulenzen, spielen und lange aufbleiben**
Kennst du dich am Computer aus?	**Logo!**
Weißt du schon, was du einmal werden möchtest?	**Am liebsten ganz reich**
Machst du bei den Hausaufgaben Pausen?	**Wieso? Nie! Ich möchte doch schnell fertig werden …**
Hast du manchmal Angst in der Schule? Warum?	**Ich? Phhh! Niiiiiiiiiie**
Machst du Sport?	**Na klar, das sieht man mir doch an!**
Gibt es ein Unterrichtsfach, das du gar nicht magst? Welches?	**Eins? Es gibt fast nur Fächer, die ich nicht mag!**
Was macht dir beim Lernen am meisten Spaß?	**Blöde Frage. Überhaupt nichts! Oder vielleicht … Ferien, Unsinn treiben, Pausen und so weiter …**

Da staunst du, Ferkelfliege, wie schnell ich damit fertig war. Nicht wahr, da klimpern deine grünen Ferkelwimpern!

Fliegenferkel FF-Super: Ach, eigentlich hatte ich ja gar nicht damit gerechnet, dass du freiwillig mitmachst. Umso besser für den Lernling. Dann kann er gleich sehen, was für einer du bist.

Schweinehund: Pass bloß auf, du Bratenferkel! Ich kann dich nicht leiden, du willst nämlich, dass der Lernling nicht mehr auf mich hört! Wahrscheinlich willst du uns jetzt auch noch einreden, dass Lernen Spaß macht, dass Lernen einfach ist …

Fliegenferkel FF Super: So ist es! Alles ist einfach, wenn du es kannst. Denk doch mal daran, Lernling, wie es war, als du Fahrrad fahren gelernt hast. Erinnerst du dich, wie schwierig es am Anfang war? Vielleicht bist du sogar einmal auf die Nase gefallen. Vielleicht auch öfter! Aber du hast nicht aufgegeben. Du hast immer weitergeübt. Leicht ging es erst, als du das Gleichgewicht halten konntest. Erinnerst du dich, wie stolz du damals warst?

Schweinehund: Ja, genau!

Fliegenferkel FF-Super: Beim Lernen des Lernens ist es genauso. Jede Lernstrecke ist ein kleines Abenteuer. Und bei jeder Lernstrecke kannst du dich zwischen drei Dingen entscheiden:

1. Du startest mit mir durch und bestehst das Abenteuer.

2. Du bleibst mittendrin stecken. Du hast keine Lust mehr und machst nicht weiter.

3. Du versuchst es erst gar nicht.

Wenn du dich für die zweite oder dritte Möglichkeit entscheidest, wäre das sehr schade – dann könnten wir nämlich keine spannenden Abenteuer miteinander erleben –, und dein Schweinehund hätte schon gewonnen! Siehst du, wie er sich die Hände reibt, wie er grinst? Wenn du aber wissen willst, wie du zu einem mutigen Dompteur wirst, dann komm mit mir mit! Ich zeige dir nun …

Wie dein Schweinehund aussieht
und
Was du über das Lernen lernen kannst

Schweinehund: Wie ich aussehe? Superaffenstark! Was du über das Lernen lernen kannst? Nichts! Absolut nichts! Lernabenteuer? Grässlich.

Fliegenferkel FF-Super: Da täuschst du dich aber sehr, Schweinehund! Abenteuer sind unheimlich spannend und man kann so viel Neues erfahren. Wetten? Lernling, überleg doch mal kurz, was du bis heute schon alles gelernt hast. Eine ganze Menge, oder? Du lernst ja schon seit deiner Geburt. Sicherlich kannst du ganz schnell vier wichtige Dinge aufzählen, die du gelernt hast, bevor du in die Schule gekommen bist?

1. _____

2. _____

3. _____

4. _____

Genau! Das hast du alles gelernt, weil du es lernen wolltest. Und du hast zugeschaut, wie es die anderen machten. Deine Eltern, Geschwister, Großeltern, Tanten oder Onkel haben es dir so lange gezeigt, bis du es konntest. Und wenn du keine Lust mehr hattest, etwas zu lernen, dann hast du einfach damit aufgehört.

Aber als du in die Schule kamst, wurde plötzlich alles anders.

Jetzt sollst du lernen, was der Lehrer dir sagt. Oft sind das Dinge, die dich vielleicht überhaupt nicht interessieren. Und trotzdem müssen sie irgendwie in deinen Kopf hinein. Bestimmt fragst du dich manchmal, wie du das schaffen kannst, oder? Stell dir vor, dein Gehirn wäre ein Computer. Wie kommt nun das, was du lernen sollst, in diesen Computer hinein? Ganz einfach:

Deine Sinne, also deine Augen, Ohren, Nase, dein Mund und deine Hände, sind mit dem Computer verbunden. Mit diesen Sinnen, man nennt sie auch Sinnesorgane, nimmst du alle Informationen auf. Das geht beispielsweise so: Wenn du ein Gedicht lernen sollst, schicken deine Augen die Wörter blitzschnell zu deinem Gehirn-Computer. Wenn der Lehrer eine Geschichte vorliest, schicken deine Ohren die Wörter zu deinem Gehirn. Schaltest du den Computer aber gleich danach aus und speicherst die Informationen nicht ab, dann sind sie alle futsch und weg. Und das willst du ja eigentlich nicht. Dann hättest du nämlich deine Zeit unnötig verplempert. Und damit dir so etwas nicht passiert, solltest du das, was du gerade gelernt hast, in deinem Gehirn-Computer festhalten. Hast du eine Idee, wie du das machen könntest? Überleg mal:

_____

_____

Es ist am besten, wenn du das, was du bereits gelernt hast, noch einmal wiederholst! Sprich es mehrmals laut oder schreibe es auf. Wenn du zum Beispiel den Inhalt einer Geschichte lernen sollst, dann erzähl sie dir doch einfach selbst. Sprich unbedingt laut. Tu so, als wärst du zwei verschiedene Personen, einmal der Schauspieler und einmal der Zuhörer. Bei diesem Spiel merkst du sehr schnell, ob du verstanden hast, worum es in der Geschichte geht. Und um das, was du schon gelernt hast, für immer in deinem Kopf zu behalten, ist es notwendig, dass es nach einiger Zeit nochmals wiederholt wird. Erst dann ist es in deinem Gehirn-Computer richtig abgespeichert.

Kannst du kurz wiederholen, welche fünf Sinnesorgane die Informationen zu deinem Gehirn-Computer schicken? Du kannst es hier auf die Linien schreiben oder malen, farbig wäre natürlich toll!

_____

_____

_____

_____

Richtig! Mit den Augen, den Ohren, der Nase, dem Mund und mit den Händen nimmst du die Informationen auf. Wichtige und unwichtige!

Stell dir jetzt vor, du wärst in der Schule: Der Lehrer erklärt dir und den anderen Kindern den Unterschied zwischen essbaren und giftigen Pilzen. Das ist schon sehr wichtig, oder? Nun fällt aber gerade in dem Moment deinem Banknachbarn ein, dass er gestern ein neues Computerspiel bekommen hat. Und zufällig ist es genau das Spiel, das du selbst gerne hättest. Höchstwahrscheinlich ist dein Ohr in diesem Augenblick stärker daran interessiert, mehr über das Spiel zu erfahren, als über die Pilze. Dein Ohr hält das für wichtiger, was dein Freund dir gerade erzählt. Der Stoff, den dein Lehrer erklärt, ist in diesem Moment für dich weniger wichtig.

Ist dir etwas Ähnliches auch schon einmal passiert? _____

_____

In welchem Fach oder in welchen Fächern lässt du dich denn besonders leicht ablenken?

_____

_____

Was glaubst du, ist der Grund dafür? Kreuze an oder schreibe neue Gründe dazu:

❑ Mir ist langweilig.

❑ Ich verstehe manches nicht.

❑ Ich bin müde.

❑ Ich habe Angst, etwas nicht zu wissen.

❑ Das Thema interessiert mich absolut nicht.

❑ Mein Nachbar lenkt mich immer wieder ab.

❑ Ich muss dauernd an etwas anderes denken.

❑ _____

❑ _____

Fliegenferkel FF-Super: Lieber Lernling, mir ging es auch oft so wie dir, aber dann hat mir Zauberobermeister Aliksir etwas sehr Wichtiges erklärt, nämlich:

Richtig lernen kannst du tatsächlich nur dann, ...

⇨ wenn deine Sinnesorgane deinem Gehirn zeigen, dass dich das Thema interessiert.

⇨ wenn du die Informationen des Lehrers für wichtig hältst.

⇨ wenn du dich mit dem Thema beschäftigst.

Schweinehund: Gäääääähn! Und was soll daran soooooooo besonders neu und wichtig sein?

Fliegenferkel FF-Super: Besonders wichtig ist, dass der Lernling selbst der Boss in seinem Gehirn bleibt und sich nicht ständig von dir ablenken und bequatschen lässt. Lernling, schau dir deinen Schweinehund genau an! Wenn du dich langweilst, wenn du müde bist, wenn du Angst hast, wenn dich das Thema nicht interessiert oder wenn du ständig an etwas anderes denkst, dann lauert dein innerer Schweinehund! Dann will er dir unbedingt beweisen, dass er der Stärkere ist. Schau dir ganz genau an, was er macht, um dich abzulenken.

Schweinehund: Das interessiert nun wirklich niemanden, du Superferkelfliege.

Fliegenferkel FF-Super: Von wegen, du Schweinehund! Komm, Lernling, ich erkläre dir jetzt die 1. AHA-Faustregel – sie hilft dir nämlich, deinen „starken" Schweinehund rechtzeitig zu erkennen.
(AHA ist hier die Abkürzung für Achtung! Höchste Aufmerksamkeit!)

> Schau dir deinen Schweinehund genau an!
> Hör gut zu, wenn er sagt, was er alles kann.
> Begreife, dass er dich gern unterdrückt,
> bis heute ist's ihm sicher oft geglückt.
> Schau dir deinen Schweinehund genau an!
> Sag ihm, was er nicht mehr mit dir machen kann.
> Wehr dich gegen ihn, selbst wenn er beißt,
> erklär ihm, dass du weißt, was Lernen heißt!

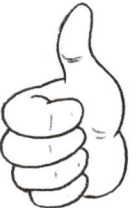

45

Schweinehund: Jetzt reicht es mir aber! Schluss für heute, du Miesmacherferkel. Dein Planet hat angerufen. Du sollst hier die Fliege machen! Bye-bye, adiós, adieu. Auf Nimmerwiedersehen. Ab die Raketenpost!

Fliegenferkel FF-Super: Also gut, Schweinehund, wenn du unbedingt willst, dann verabschieden wir uns jetzt sofort von dir. Wir nehmen dazu die Winke-Winke-Technik.

Schweinehund: Winke-Winke-Technik? Was ist denn das?

Fliegenferkel FF-Super: Die Winke-Winke-Technik benutzt man dann, wenn man einem Problem zum Abschied zuwinkt. Das geht so, Lernling: Wenn du merkst, dass dein Schweinehund zu stark wird, dann starre auf einen festen Punkt an der Wand. Bewege beide Hände, wie die Scheibenwischer am Auto, vor deinen Augen hin und her. Dabei stellst du dir deinen Schweinehund ganz genau vor und winkst so lange, bis er verschwunden ist.

Schweinehund: Hilfe! Halt! Stopp!!! Hör sofort auf mit dieser unsinnigen Technik! Gibt es denn nichts anderes, was du Fliegentyp dem Lernling beibringen kannst?

Fliegenferkel FF-Super: Klar doch. Aber vorher kommt noch ein kleiner Fliegenferkel-Rap – wir haben schließlich gerade unser 1. Lernabenteuer bestanden:

Durch Auge, Ohr, Nase, Mund und Hand
füllst du mit Infos dein Hirn bis zum Rand.
Wiederholst Gelerntes nach ein paar Tagen,
stellst dir selbst dazu viele sinnvolle Fragen.
Interessieren soll es dich, das ist sehr wichtig,
dann beschäftigst du dich mit dem Thema richtig!

„Donnerwetter", rief Kannnix, der das erste Lernabenteuer mit seinem Fünf-mal-um-die-Ecke-Schauglas gespannt verfolgt hatte. „Über solche Sachen hab ich eigentlich noch gar nie nachgedacht! Das war ja richtig interessant. Jetzt bin ich höllisch gespannt, wie es weitergehen wird. Den Fliegenferkel-Rap häng ich mir doch gleich mal an mein schwarzes Zauberbrett."

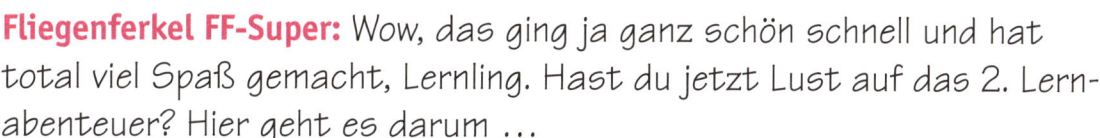

Das Hundeschwein verdrehte die Augen und seufzte: „Oje, der Alte spinnt von Tag zu Tag mehr. Jetzt, wo er nicht mehr zaubern kann, wird er sehr, sehr seltsam. Steht den ganzen Tag am Fernrohr und glotzt und glotzt. Muss ja einen großen Eindruck machen, was er da sieht. Der hat schon ein richtig eingedelltes Glupschauge. Na ja, mir ist das alles egal. Hauptsache, er lässt mich in Ruhe!"

Fliegenferkel FF-Super: Wow, das ging ja ganz schön schnell und hat total viel Spaß gemacht, Lernling. Hast du jetzt Lust auf das 2. Lernabenteuer? Hier geht es darum …

Weshalb der Schweinehund Lärm macht
und
Wie du deinen Lerntyp kennen lernen kannst

Schweinehund: Wenn das so ist, dann singe ich dir doch gleich mal meinen nächsten berühmten Schweinehund-Song vor:

Juhu, ich bin ein Lärmtyp, hör mir zu!
Du bist ein Lärmtyp, du gibst keine Ruh.
Wir sind Lärmtypen, das ist toll,
quasseln dem Nachbarn die Birne voll!

Ich bin ein Lärmtyp, schau mich an!
Mache Lärm, wann immer ich kann.
Erzähle laut, was ich so sehe,
wenn ich in der Klasse hin und her gehe.

Ich bin ein Lärmtyp! Und wenn ich schreibe,
möchte ich jedem sagen, was ich da treibe.
Nur der Lehrer, der mag das nicht,
er sagt, ich störe den Unterricht!

Ich bin ein Lärmtyp ...

Ach übrigens, du herziges Ferkeltierchen, was verstehst du eigentlich unter einem Lärmtyp?

Fliegenferkel FF-Super: Du meinst wohl L e r n t y p ? Jeder Mensch lernt anders! Der eine lernt am besten, wenn er etwas hört, der andere, wenn er etwas sieht. Der eine, wenn er etwas liest, und der andere, wenn er etwas schreibt. Damit wir herausfinden, auf welche Art du, lieber

Lernling, am allerbesten lernen kannst, können wir zusammen den Lerntypentest machen. Dafür brauchen wir allerdings noch jemanden, der uns hilft. Bitte doch deine Eltern, einen Freund oder eine Freundin, den Test mit dir zu machen. Danach erkläre ich dir, welcher Lerntyp du bist und wie dir das beim Lernen helfen kann.

Schweinehund: Einspruch! Gemeinheit! Von Tests war nie die Rede. Wir wollen keine Tests. Wir wollen keine Tests! Wir wollen keine ...

Fliegenferkel FF-Super: Beruhige dich, Schweinehund! Schau doch mal, mit diesem Test kann der Lernling feststellen, welche Sinnesorgane bei ihm am stärksten sind. Er kann also überhaupt nichts falsch machen und bekommt auch keine Note. Zufrieden?

Schweinehund: Was heißt hier „zufrieden"? Wir trauen dir nicht. Du willst uns sicherlich reinlegen. Ich und der Lernling, wir sagen auf jeden Fall ...

Fliegenferkel FF-Super: Jaaa? Prima! Dann habe ich jetzt erst einmal eine Frage an dich, Lernling: Wie merkst du dir etwas am besten? Indem du es ...

    1. hörst?   2. siehst?   3. liest?   4. schreibst?

Ich merke mir etwas am besten, indem ich es _____

_____

Lerntypentest

1. Hören

Dein Partner soll dir langsam zehn Wörter vorlesen (dein Partner findet Beispielwörter auf S. 113 im Buch). Du hörst gut zu, aber schreibst nicht mit. Anschließend bekommst du eine Kettenrechenaufgabe, die du im Kopf löst (auch hier gibt es eine Beispielaufgabe auf S. 113). Wenn dein Partner „Jetzt" sagt, schreibst du zuerst das Ergebnis der Rechenaufgabe auf und erst dann die Wörter, die du dir gemerkt hast. Zum Aufschreiben hast du zwei Minuten Zeit. Alles klar?

1. Test:

Ergebnis der Rechenaufgabe: _____

Diese Wörter hast du dir gemerkt:

1. _____   2. _____

3. _____   4. _____

5. _____   6. _____

7. _____   8. _____

9. _____   10. _____

2. Sehen

Dein Partner soll, ohne dass du es siehst, zehn Gegenstände sammeln und in eine Tüte legen. Dann zieht er einen Gegenstand nach dem anderen aus der Tüte, zeigt ihn dir fünf Sekunden lang und legt ihn anschließend in eine andere Tüte. Nachdem du alle zehn Gegenstände gesehen hast, bekommst du eine Kettenrechenaufgabe. Wenn dein Partner „Jetzt" sagt, schreibst du zuerst das Ergebnis der Rechenaufgabe auf und erst dann die Gegenstände, die du dir gemerkt hast. Zum Aufschreiben hast du wieder zwei Minuten Zeit. Alles klar?

2. Test:

Ergebnis der Rechenaufgabe: _____

Diese Gegenstände hast du dir gemerkt:

1. _____   2. _____

3. _____   4. _____

5. _____   6. _____

7. _____   8. _____

9. _____   10. _____

3. Lesen

Dein Partner nimmt zehn Blätter und schreibt auf jedes Blatt ein Wort. (Du sollst natürlich nicht sehen, was er schreibt.) Nun zeigt er dir ein Blatt nach dem anderen. Du hast jedes Mal fünf Sekunden Zeit, das Wort zu lesen. Anschließend wird das Blatt umgedreht und zur Seite gelegt. Nun kommt wieder eine Kettenrechenaufgabe. Wenn dein Partner „Jetzt" sagt, schreibst du zuerst das Ergebnis der Rechenaufgabe auf und erst dann die Wörter, die du dir gemerkt hast. Zum Aufschreiben hast du wieder zwei Minuten Zeit. Alles klar?

3. Test:

Ergebnis der Rechenaufgabe: _____

Diese Wörter hast du dir gemerkt:

1. _____   2. _____

3. _____   4. _____

5. _____   6. _____

7. _____   8. _____

9. _____   10. _____

4. Schreiben

Dein Partner diktiert dir zehn verschiedene Wörter. Du schreibst diese Wörter auf ein leeres Blatt. Sobald du fertig bist, drehst du das Blatt um. Nun kommt wieder eine Kettenrechenaufgabe. Wenn dein Partner „Jetzt" sagt, schreibst du zuerst das Ergebnis der Rechenaufgabe auf und erst dann die Wörter, die du vorher auf das Blatt geschrieben hast. Zum Aufschreiben hast du wieder zwei Minuten Zeit. Okay?

4. Test:

Ergebnis der Rechenaufgabe: _____

Diese Wörter hast du dir gemerkt:

1. _____   2. _____

3. _____   4. _____

5. _____   6. _____

7. _____   8. _____

9. _____   10. _____

Fliegenferkel FF-Super: Super, vielen Dank, Lernling! Du weißt ja schon, dass wir unsere Sinnesorgane zum Lernen benutzen. Die Auswertung des Tests zeigt dir jetzt, mit welchen Sinnesorganen du die Informationen am besten aufnimmst.

Auswertung

Für jedes Wort, das du dir bei den einzelnen Tests richtig gemerkt hast, bekommst du einen Punkt. Zähle nun alle Punkte pro Test zusammen und male so viele Felder farbig aus, wie du dir richtige Wörter gemerkt hast. Wenn du dir zum Beispiel beim ersten Test insgesamt fünf Wörter richtig gemerkt hast, darfst du in der ersten Säule (auf der nächsten Seite) die Felder 1, 2, 3, 4 und 5 farbig ausmalen. Für jeden Test gibt es eine eigene Farbe:
Hören = Gelb, Sehen = Grün, Lesen = Rot, Schreiben = Blau.

Wenn du eine Rechenaufgabe (oder auch mehrere) falsch gerechnet hast, ist das überhaupt nicht schlimm. Es gibt nämlich gar keine Punkte dafür! Die Rechenaufgaben waren nur dazu gedacht, die Wörter aus deinem Gehirn zu verdrängen.

Wenn du die meisten Punkte beim Hören gesammelt hast, dann bist du ein Hör-Lerntyp. Wenn du aber die meisten Punkte beim Sehen hast, bist du ein Seh-Lerntyp. Wenn du die meisten Punkte beim Lesen hast, bist du ein echter Lese-Lerntyp. Und wenn du die meisten Punkte beim Schreiben gesammelt hast, dann bist du ein Schreib-Lerntyp. Falls du in zwei, drei oder sogar in vier Feldern die gleiche Punktzahl hast, dann bist du ein „Multi-Lerntyp".

Auswertung

Hören · Sehen · Lesen · Schreiben

Ergebnis des Lerntypentests

Wenn du ein Hör-Lerntyp bist, nimmst du über deine Ohren die meisten Informationen auf. Beim Lernen solltest du deshalb:

✔ den Lernstoff laut sprechen;

✔ die Texte laut lesen;

✔ mit eigenen Worten laut zusammenfassen, was du gelesen hast;

✔ dir selbst Fragen stellen und beantworten;

✔ den Lernstoff mit einem Kassettenrekorder aufnehmen und anhören;

✔ anderen erklären, was du gelernt hast.

Wenn du ein Seh-Lerntyp bist, nimmst du über deine Augen die meisten Informationen auf. Beim Lernen solltest du deshalb:

✔ Farbstifte verwenden;

✔ dir Schwieriges und neue Informationen in bunten Bildern vorstellen;

✔ eigene kleine Zeichnungen anfertigen;

✔ das Wichtige unterstreichen;

✔ genau beobachten, wenn dir etwas gezeigt wird;

✔ Filme und Bilder zu dem Lernthema anschauen.

Wenn du ein Lese-Lerntyp bist, nimmst du beim Lesen die meisten Informationen auf. Beim Lernen solltest du deshalb:

✔ viel und genau lesen, laut und leise;

✔ schwierige Texte in kleine Abschnitte aufteilen und sie mit eigenen Worten zusammenfassen;

✔ schriftlich zusammenfassen, was du gelesen hast;

✔ wichtige Texte farbig markieren oder unterstreichen;

✔ dir beim Lesen die passenden Bilder dazu vorstellen;

✔ in Bewegung sein: gehe mit dem Heft oder dem Buch in der Hand auf und ab und lese dabei.

Wenn du ein Schreib-Lerntyp bist, lernst du am besten, wenn du deine Hände benutzt. Beim Lernen kannst du den Lernstoff besser „begreifen", indem du:

✔ Zusammenfassungen schreibst;

✔ Notizen machst;

✔ Zeichnungen anfertigst;

✔ Wörter unterstreichst;

✔ Stichwörter aufschreibst;

✔ Merkzettel und Karteikarten verwendest.

Schweinehund: Oje, das sieht aber heftig nach Arbeit aus!

Fliegenferkel FF-Super: Ganz im Gegenteil, Schweinehund! Wenn du weißt, wie du richtig lernen kannst, dann macht das Lernen nämlich Spaß. Natürlich muss man sich auch ein bisschen Mühe geben und üben. Wenn du dir zum Beispiel Muskeln antrainieren willst, dann musst du ja auch immer wieder üben. Immer wieder! Oder siehst du den anderen beim Training bloß zu und hoffst, dass deine Muskeln beim Zuschauen wachsen?

Schweinehund: So ein Quatsch! Schau dir doch noch einmal ganz genau meine tollen, stahlharten Muskeln auf Seite 34 an! Ausdauerndes, knochenhartes Training!

Fliegenferkel FF-Super: Knochenhartes Training?

Schweinehund: Na ja, manchmal schon. Meistens macht es auch Spaß, aber manchmal ist es echt knochenhart. Doch Durchhalten lohnt sich für mich immer!

Fliegenferkel FF-Super: Das ist super, Schweinehund! Beim Lernen ist das nämlich genauso. Stell dir einfach vor, das Gehirn wäre ein Muskel. Es muss auch trainiert werden, um fit zu sein. Erst dann kann es richtig gut arbeiten. Und wenn du weißt, Lernling, welcher Lerntyp du bist, kannst du dir das Lernen ungeheuer erleichtern. Das ist doch ganz schön cool, oder?

Schweinehund: Phhhhhh! Lernling, lass dich bloß nicht von diesem Ferkel zu irgendetwas überreden. Hör lieber auf mich. Ich flüstere dir schon ein, was gut für dich ist.

Fliegenferkel FF-Super: Also gut, Schweinehund, wenn du dich so toll findest, dann macht es dir bestimmt auch nichts aus, wenn der Lernling selbst entscheidet, wozu er Lust hat. Ich hätte da nämlich eine Super-Lernrallye anzubieten – und da gibt es wirklich spannende Dinge zu erleben! Wie wär's?

Schweinehund: Lernrallye? Muss das sein? Wir sind müde und wollen nichts mehr tun.

Fliegenferkel FF-Super: Dich hab ich doch gar nicht gefragt!

Schweinehund: Halt die Luft an, Ferkel. Ich bestimme für mich und für den Lernling!

Fliegenferkel FF-Super: Wirklich??? Lieber Lernling, hast du das gehört? Er will für sich und für dich entscheiden! Komm, beweise dir und ihm, dass du für dich selbst entscheiden kannst. Am besten zeigst du ihm jetzt einmal, wer der Boss in deinem Kopf ist – nämlich du! Und für die Lernrallye wäre es ganz toll, wenn du die folgenden Fragen beantworten könntest:

1. Wie heißt die 1. AHA-Faustregel? _____

    _____

2. Ergänze: Richtig lernen kann ich nur dann, wenn ich weiß, dass ich ein

    _____ -Lerntyp bin.

3. Wie heißen die fünf Sinnesorgane, die die Informationen zu deinem Gehirn bringen?

    _____ _____ _____ _____ _____ _____

Kreuze alle Antworten an, die du für richtig hältst:

4. Wie können sich Hör-Lerntypen das Lernen erleichtern? Hör-Lerntypen sollten ...

    ❏ den Lernstoff schreiben.

    ❏ den Lernstoff laut sprechen.

    ❏ den Lernstoff mit Farben bearbeiten.

    ❏ die Sachen, die sie neu gelernt haben, anderen erklären.

5. Wenn ich im Unterricht nicht aufpasse, dann …

   ❏ lenkt mich mein Schweinehund ab.

   ❏ finde ich den Unterricht sehr interessant.

   ❏ interessiert mich das Thema nicht.

   ❏ kenne ich mich bei dem Unterrichtsthema schon sehr gut aus.

6. Warum will der Schweinehund immer mein Boss sein? Weil …

   ❏ er sich dadurch sehr stark fühlt.

   ❏ er will, dass ich nur das mache, was er für richtig hält.

   ❏ er unglaublich gerne lernt.

   ❏ er glaubt, ich würde dadurch aufmerksamer sein.

7. Warum ist es gut, dass ich das Lernen lerne? Weil ich dann …

   ❏ weiß, was sich in meinem Kopf abspielt.

   ❏ gute Noten in der Schule bekomme.

   ❏ meinen inneren Schweinehund austricksen kann.

   ❏ viel leichter lernen kann.

Fliegenferkel FF-Super: Falls du manche Antworten vergessen hast, dann blättere doch einfach zurück und lies es noch einmal nach.

Schweinehund: Blödsinn! Schau dir einfach die Lösungen auf der letzten Seite im Buch an!

Fliegenferkel FF-Super: Lieber Schweinehund, das wäre natürlich am einfachsten! Aber Zauberobermeister Aliksir hat mir erklärt, dass man sich dabei selbst austrickst. Man glaubt, dass man etwas könnte, aber in Wirklichkeit kann man es doch nicht.

Schweinehund: Hör nicht auf ihn, Lernling.

Fliegenferkel FF-Super: Soll er etwa auf dich hören? Na, dazu passt ja die 2. AHA-Faustregel wie die Faust aufs Auge! Hier ist sie:

> Hör deinem Schweinehund gut zu!
> Spitze die Ohren, aber lass ihn in Ruh'.
> Begreife, dass er dich ablenken will,
> beachte ihn nicht, verhalte dich still.
>
> Hör deinem Schweinehund gut zu!
> Dann merkst du, was er möchte, im Nu.
> Lass dich bloß nicht auf sein Lärmen ein,
> denn sonst ist er stark und du bist ganz klein.

Schweinehund: Vorsicht! Vorsicht! Bisher war ich sehr geduldig mit dir, du Ferkelfliegenpatsche. Fordere mich bloß nicht heraus, sonst fange ich an zu knurren!!! Grrrrrrrrrrrrrrrrr …

Fliegenferkel FF-Super: Mir machst du keine Angst. Aber wenn du willst, dann kannst du jetzt locker mitknurren beim 2. Fliegenferkel-Rap:

Als Hör-Lerntyp sitz nicht auf den Ohren,
als Hör-Lerntyp setz die Ohren ein!
Beim Lernen zieh sie lang, deine Ohren,
der Lernstoff geht dann mit Power hinein!

Als Seh-Lerntyp schließ nicht die Augen,
als Seh-Lerntyp mach die Augen weit auf!
Beim Lernen saugst du mit offenen Augen,
den Lernstoff am besten ins Hirn hinauf!

Als Lese-Lerntyp, das beachte nun:
Sollst du sehen, hören und vieles tun.
Lies Wort für Wort und sehr genau,
dein Hirn dankt's dir und macht dich schlau!

Der Schreib-Lerntyp muss den Lernstoff „begreifen",
mit dem Stift in der Hand den Text durchstreifen.
Unterstreichen, malen und schreiben ist wichtig,
viel Bewegung ist für ihn immer richtig!

Auch Kannnix wollte beim Lerntypentest unbedingt mitmachen. Deshalb musste das Hundeschwein vorlesen, zeigen und diktieren. Natürlich war Kannnix wahnsinnig gespannt auf das Ergebnis. Er hatte immer geglaubt, er sei ein Seh-Lerntyp – war er aber nicht. Die Auswertung zeigte ihm, dass er ein Hör-Lerntyp war. Als er genauer darüber nachdachte, wurde ihm vieles klar: Hör-Lerntypen nehmen in der Schule das, was der Lehrer sagt, leicht auf. Sie glauben, dass sie deshalb (fast) nichts mehr lernen müssten. Sie glauben, sie könnten schon alles. Pustekuchen! Warum das so ist und warum sich Kannnix total getäuscht hat, das wird im nächsten Abenteuer verraten.

Fliegenferkel FF-Super: Also dann, auf zum 3. Lernabenteuer. Wir wollen wissen ...

Wo sich der Schweinehund austobt
und
Wie dein Gehirn und dein Gedächtnis funktionieren

Schweinehund: Hey, das geht zu weit. So etwas nenne ich Eindringen in meine Privatsphäre!

Fliegenferkel FF-Super: Eindringen in deine Privatsphäre? Wo soll die denn sein?

Schweinehund: Natürlich dort, wo ich wohne. Im Kopf von meinem Lernling! Aber das singe ich dir jetzt gleich in meinem nächsten berühmten Schweinehund-Song vor:

In deinem Grips – auf Du und Du –
leb ich schon lange,
und jetzt hör gut zu:
Lauter Kabel und Geistesblitze,
beim Lernen qualmt dein Kopf stets vor Hitze.
Gedanken jagen durch dein Gehirn
und schaffen es oft, mich zu verwirr'n.
Sehr gefährlich für einen wie mich,
grässlich, scheußlich, fürchterlich!

In deinem Grips – auf Du und Du –
leb ich schon lange,
und jetzt hör gut zu:
Passt du nicht auf, dann ist es mir lieb,
denn nun hast du ein Hirn wie ein Sieb.
Viel frische Luft kommt endlich herein,
jetzt suhl ich mich dort wie ein echtes Schwein.
Wunderbar für einen wie mich,
ich herze und ich küsse dich!

In deinem Grips, da lebt sich's fein,
da stell ich mich aufs Nichtstun ein.
Spielen, toben bis in die Nacht,
das hat uns bisher viel Spaß gemacht.
Zwar sind wir müde am laufenden Band,
starren in der Schule Löcher in die Wand.
Auch wenn dich keiner dafür lobt,
der Lehrer sogar schrecklich tobt.
Glaub mir, für mich ist es sehr wichtig,
und was ich sage, ist immer richtig!!!

Fliegenferkel FF-Super: Ja, ja, Schweinehund, grunzen kannst du wunderbar, das ist wahr! Aber sei doch mal ganz ehrlich, du bist doch brennend daran interessiert, zu erfahren, was im Gehirn des Lernlings passiert, wenn er liest, schaut, zuhört, schreibt, bastelt oder spielt? Und du, Lernling, weißt du eigentlich, wie dein Gehirn aussieht? Was in deinem Gehirn beim Lernen geschieht? Wie dein Gedächtnis funktioniert? Und was wirklich los ist, wenn du ein Gedächtnis wie ein Sieb hast? Aber eins nach dem anderen.

Fangen wir also damit an, wie dein Gehirn aussieht und was sich in deinem Gehirn beim Lernen abspielt:

Dein Gehirn besteht aus zwei Hälften, die durch ein dickes Nervenbündel miteinander verbunden sind. Die linke Gehirnhälfte ist für die Einzelheiten, Zahlen und Wörter zuständig. Sie ist immer dann besonders aktiv, wenn du auf solche Einzelheiten achtest, Zahlen erkennen musst oder schreibst, zum Beispiel wenn du Hausaufgaben machst. Sie ist ganz wichtig für das „logische Denken". Die rechte Gehirnhälfte ist gefühlvoll, sie hilft dir, in Bildern zu denken, und sie behält den Überblick über das Ganze. Du brauchst sie vor allem dann, wenn du dir etwas vorstellst, dir etwas Neues ausmalst oder etwas gestaltest, wenn du spielst oder dich in Musik vertiefst. Sie ist ganz wichtig für das „kreative Denken".

Für die meisten Aufgaben ist es von großem Vorteil, wenn deine Gehirnhälften gut zusammenarbeiten und du die Fähigkeiten der beiden Gehirnhälften gleichzeitig nutzen kannst. Dann klappen viele Dinge besonders gut!

Schweinehund: Darf ich jetzt auch endlich einmal etwas erklären? Danke! Die allermeisten Lernlinge denken beim Lernen nur mit der linken Gehirnhälfte. Und wenn du dir jetzt das letzte Bild genau anschaust, siehst du auch, warum die rechte Gehirnhälfte ausgeschaltet ist. Dort ist nämlich mein Schlafzimmer. Irgendwo muss man ja als Schweinehund auch mal seine Ruhe haben und faulenzen können!

Fliegenferkel FF-Super: Wenn du Recht hast, Schweinehund, und die rechte Gehirnhälfte beim Lernen nicht angeschaltet ist, dann denkt der Lernling ja nur mit dem halben Gehirn! Lass uns doch mal sehen, Lernling, ob das bei dir wirklich so ist, wie der Schweinehund es behauptet. Hast du Lust auf ein kleines Experiment?

Lies die folgenden drei Sätze, die in dem Kasten stehen, klappe das Buch zu und zähle bis 20. Dann wiederholst du laut (natürlich ohne zu spicken!), was du gelesen hast. Und du, Schweinehund, kannst ruhig auch mitmachen.

Schweinehund: Leg uns bloß nicht rein, sonst sag ich meinem Lernling: Buch zu! Lernen aus! Fliegenferkel ade! Und das hast du dann davon.

Fliegenferkel FF-Super: Du Angeber! Komm, mach lieber mit. Achtung, jetzt geht's los!

Ein Zweibein sitzt auf einem Vierbein an einem Dreibein und isst ein Einbein.

Da springt ein anderes Vierbein auf das Dreibein und klaut dem Zweibein das Einbein.

Da packt das Zweibein das Vierbein und nimmt ihm das Einbein.*

Und jetzt: BUCH ZU!!!

Na, Schweinehund, wie wolltest du dir die drei Sätzchen merken? Indem du dir die Zahlen ins Gehirn „pressen" wolltest? Indem du die Zahlen innerlich mitgesprochen hast?

---

*verändert nach Birkenbihl, Vera F.: Stroh im Kopf?, München: 6. Auflage 1992

Schweinehund: Logisch! Nur so geht das.

Fliegenferkel FF-Super: Lieber Schweinehund, leider hast du auf diese Weise tatsächlich nur mit der linken Hälfte deines Gehirns gedacht! Hättest du deine rechte Gehirnhälfte auch angeschaltet und dir die passenden Bilder dazu vorgestellt, wären die drei Sätze viel, viel leichter in deinem Kopf geblieben. Schau dir das folgende Bild genau an und lies dann noch einmal die drei Sätze.

Schweinehund: Wow, das ist ja toll! Großartig! Genial! Und so einfach! Da merke ich mir ab heute einfach alles Wichtige in Bildern. Soll ich dir schnell einen tollen Bilderwitz erzählen? Da war einmal ein Mann, der wollte sich auf eine Bank setzen und ...

Fliegenferkel FF-Super: Gääääähn, den Witz kenne ich schon. Lieber Lernling, hör beim Lernen einfach nicht auf deinen Schweinehund und schieb ihn ruhig mal ein bisschen zur Seite! Dann hast du nämlich richtig viel Platz und kannst dir den Lernstoff in den tollsten Bildern und Farben ausmalen. Und damit du ein supertoller Bilderdenker wirst, solltest du das allerdings auch immer wieder üben.

Schweinehund: Da haben wir's! Wer will das schon! Und außerdem, du Ferkelkröte, wenn du meinem Lernling noch einmal sagst, er soll mich wegschieben, dann, dann ...

Fliegenferkel FF-Super: Dann???

Schweinehund: Dann, dann … fresse ich dich!

Fliegenferkel FF-Super: Ich bin aber ein ziemlich zäher Brocken. Trotzdem wünsche ich dir einen guten Appetit! Lass mich aber bitte vorher noch erklären, wie du, Lernling, das Denken in Bildern üben kannst:

Übung 1

Lieber Lernling, bitte jemanden, dir drei Wörter zu diktieren. Stell dir diese Wörter in Bildern vor – und zwar so, wie bei dem Beispiel mit dem Einbein. Verbinde die Bilder in Gedanken. Schreibe die Wörter erst dann nacheinander auf.

_____

_____

_____

Wie viele Wörter hast du dir gemerkt? _____

Wie hast du sie dir gemerkt? Erzähle die Geschichte deinem Partner!

Übung 2

Lass dir jetzt fünf Wörter diktieren. Merke dir wieder die passenden Bilder und schreibe die Wörter dann auf.

_____

_____

_____

_____

Wie viele Wörter hast du dir gemerkt? _____

Wie hast du sie dir diesmal gemerkt? Erzähle deine Geschichte.

Übung 3

Lass dir nun sieben Wörter diktieren. Denke dir eine Bildergeschichte aus und schreibe die Wörter auf.

_____

_____

_____

_____

_____

_____

Wie viele Wörter hast du dir davon gemerkt? _____

Wie hast du sie dir jetzt gemerkt? Erzähle.

Fliegenferkel FF-Super: Lieber Lernling, hast du gemerkt, dass du nach jeder Übung mehr Wörter in deinem Kopf speichern konntest? Je mehr du übst, desto mehr kannst du dir merken! Wenn du das täglich machst, dann wirst du bald ein Super-Lerner sein!

Schweinehund: Phhhh! Babykram. Das kann doch jeder.

Fliegenferkel FF-Super: Hmpf. Du bist immer nur am Meckern ...

Schweinehund: Was heißt hier „am Meckern"? Beweise uns erst mal, dass das Lernen wirklich leichter ist, wenn man in Bildern denkt.

Fliegenferkel FF-Super: Nichts leichter als das. Kennst du ein schönes Gedicht, Schweinehund?

Schweinehund: Ich? Bist du noch ganz dicht? Ein Gedicht? Ob ich ein schönes, sich reimendes Gedicht kenne? Natürlich nicht! Aber weil ich so irrsinnig klug bin, werde ich sofort eines für dich dichten. Also hör gut zu ...

Fliegenferkel FF-Super: Stopp, stopp, stopp! Es wäre ganz toll, wenn du, Lernling, gleich hinter jede Zeile des Gedichts ein passendes kleines Bild malen könntest. Du wirst sehen, wie schnell du dir damit das Gedicht einprägen kannst. Und nun, Schweinehund: Auf die Plätze, fertig, los!

Das Schwein-Gedicht

(gedichtet vom Schweinehund)

Ein kleines Schwein saß ganz allein

auf einem großen Stein.

Es blickte in die Ferne

und sah die vielen Sterne.

Es war ja so allein

auf diesem großen Stein.

Da kroch vorbei ein Wurm,

der zitterte im Sturm.

Dem Schwein, dem wurde es heiß,

es flüsterte ganz leis':

„Der Wurm, der hier vorbeistreunt,

wird ganz bestimmt mein bester Freund."

Der Wurm blitzeschnell weiterkroch.

Das Schwein, es hoffte lange noch.

Es wünschte sich, er käm' zurück,

doch leider hatte es kein Glück.

Fliegenferkel FF-Super: Bravo! Das hast du unheimlich gut gemacht.

Schweinehund: Ab heute sind Gedichte mein Hobby.

Fliegenferkel FF-Super: Damit dir, Lernling, das Gedichtelernen auch leicht fällt, verrate ich dir hier ein paar Tricks:

- ✔ Lies zuerst das ganze Gedicht, damit du einen Überblick bekommst.

- ✔ Beschäftige dich dann mit der ersten Strophe.

- ✔ Denke dir zu jeder Zeile der Strophe ein passendes Bild aus.

- ✔ Male das Bild farbig neben die Zeile.

- ✔ Bastle die Bilder dieser Strophe in deinem Kopf zu einem kleinen Film zusammen, der in deinem Gehirn-Kino abläuft.

- ✔ Lass diesen „inneren" Film langsam ablaufen und sprich dabei laut die erste Strophe. Du darfst dabei immer wieder spicken und deine gemalten Bilder anschauen. So kannst du kontrollieren, ob du dir den Text richtig gemerkt hast.

- ✔ Wenn du nicht weiterkommst, dann überlege dir ein neues Bild, das zu der Zeile passt und dir noch besser gefällt.

- ✔ Mache das Gleiche mit den anderen Strophen.

Und damit du das alles nicht gleich wieder vergisst, möchte ich dir jetzt noch gerne zeigen, wie dein Gedächtnis funktioniert. Es sorgt nämlich auch dafür, dass du den Geburtstag deiner Eltern nicht vergisst, dass du dich daran erinnerst, wann die Ferien beginnen – und wann sie (leider) wieder zu Ende sind. Und es kann natürlich noch unendlich viel mehr.

Schau dir einmal das erste Bild an:

Deine Augen schicken dieses Bild in dein so genanntes Ultrakurzzeitgedächtnis (das siehst du auf Bild 1). Hier bleibt das Bild, aber auch Wörter oder Zahlen, nur etwa 20 Sekunden lang, also eine ultrakurze Zeit (eins-zwei-drei-vier-...-neunzehn-zwanzig). Wenn du es dann nicht mehr beachtest, wenn es nicht mehr wichtig für dich ist, dann wird es sofort wieder aus deinem Kopf geworfen.

Bild 1
UKZG = Ultrakurzzeit-
gedächtnis

Nehmen wir einmal an, du hältst Bild 1 für wichtig, dann wird es in dein so genanntes Kurzzeitgedächtnis geschickt und bleibt dort bis zu zwei Tagen gespeichert – und das siehst du auf Bild 2.

Bild 2
KZG = Kurzzeit-
gedächtnis

Bild 3
LZG = Langzeit-
gedächtnis

Wenn die Informationen nach zwei Tagen immer noch wichtig für dich sind, dann wandern sie weiter in dein Langzeitgedächtnis, das siehst du auf Bild 3. Und wenn sie dort gelandet sind, kannst du sie immer wieder herausholen, so oft und so lange du willst. Und weißt du auch, was das Tollste daran ist? Je ordentlicher es in deinem Kopf ist, desto leichter findest du die gelernten Sachen wieder. Genau wie in deinem Zimmer, wenn es aufge-räumt ist.

Schweinehund:
Ist doch logisch, dass ich auch mal den Müll rauswerfen muss!

Fliegenferkel FF-Super: Aha! Lernling, dein Schweinehund gibt also zu, dass er oft ganz alleine entscheidet, ob Informationen wichtig oder unwichtig für dich sind! Das heißt, er wirft all das aus deinem Kopf hinaus, was er als Müll empfindet. Willst du das?

Schweinehund: Na ja, so ein bisschen mehr Ordnung im Gehirn des Lernlings wäre eigentlich – vielleicht, vielleicht auch sicher – nicht schlecht.

Fliegenferkel FF-Super: Genau, Schweinehund, da hast du völlig Recht! Ich bin schon sehr gespannt, was du mir zum Thema Ordnung gleich noch erzählen kannst. Aber vorher würde ich dir gerne eine andere, klitzekleine Frage stellen. Wie viele Zahlen kannst du dir merken, wenn ich dir 20 Zahlen durcheinander nenne? Fünf? Zehn? Oder sogar alle 20? Was meinst du? Lass es uns doch einfach einmal ausprobieren.

Schweinehund: Pah, du willst doch nur wieder einen Test machen! Du wirst immer lästiger. Wir machen nicht mit! Wir machen nicht mit! Wir machen nicht mit!

Fliegenferkel FF-Super: Schweinehund, der Lernling braucht dich doch! Wenn du nicht mitmachst, wird er nie erfahren, wie viele Informationen in seinem Gehirn hängen bleiben! Das zu wissen, ist aber superwichtig für ihn.

Schweinehund: Na gut, wenn es unbedingt sein muss, dann überrede ich meinen Lernling mitzumachen. Aber nur ausnahmsweise!

Fliegenferkel FF-Super: Küsschen, Schweinehund, Küsschen!

Schweinehund: Igitt! Hör bloß auf mit diesem Ferkelkram! Komm endlich zur Sache.

Fliegenferkel FF-Super: Okay, okay, okay. Also gut, Lernling, du brauchst jetzt wieder einen Partner, der dir bei der nächsten Aufgabe hilft.

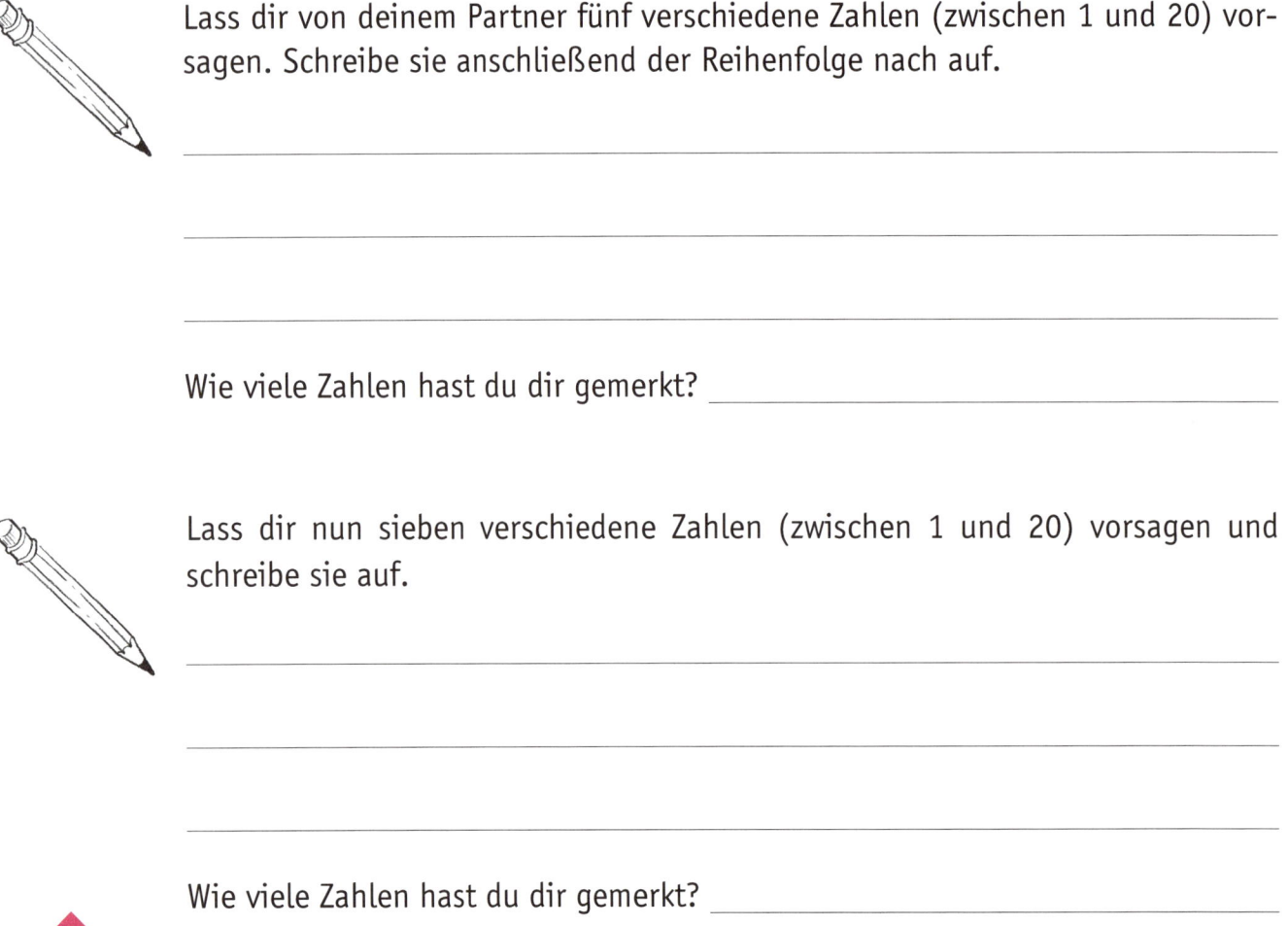

Lass dir von deinem Partner fünf verschiedene Zahlen (zwischen 1 und 20) vorsagen. Schreibe sie anschließend der Reihenfolge nach auf.

_____

_____

_____

Wie viele Zahlen hast du dir gemerkt? _____

Lass dir nun sieben verschiedene Zahlen (zwischen 1 und 20) vorsagen und schreibe sie auf.

_____

_____

_____

Wie viele Zahlen hast du dir gemerkt? _____

Lass dir nun neun verschiedene Zahlen (zwischen 1 und 20) vorsagen, schreibe sie dann auf.

_____

_____

_____

Wie viele Zahlen hast du dir jetzt gemerkt? _____

Schweinehund: Hey, das ging alles viel zu schnell! Und überhaupt, heute sind wir nicht so gut drauf, ich und mein Lernling. Wir hätten natürlich alle neun Zahlen aufschreiben können, aber wir wollten einfach nicht!

Fliegenferkel FF-Super: So, so! Aber das ist sowieso nicht so schlimm, Lernling, wenn du dir nur wenige Zahlen merken konntest! Diesen Test hat man nämlich schon mit sehr vielen Menschen gemacht. Und dabei hat man herausgefunden, dass das Ultrakurzzeitgedächtnis ohnehin nur fünf bis neun Zahlen oder Informationen speichern kann.

Schweinehund: Und? Was heißt das? Jetzt sag schon endlich!

Fliegenferkel FF-Super: Ganz einfach: Es ist wichtig, dass du beim Lernen den Lernstoff nicht zu schnell in dein Gehirn „hineindrückst". Vielleicht hast du das ja bisher getan, weil du ganz schnell fertig werden wolltest. Wenn du aber zu viel auf einmal hineinpresst, dann fällt ein großer Teil gleich wieder heraus – weil kein Platz dafür vorhanden ist. Deshalb ist es besser, wenn dein Gehirn die Informationen in kleinen Portionen aufnimmt. Dann hat es nämlich genügend Zeit, die neuen Sachen woanders hin zu räumen, zum Beispiel in dein Langzeitgedächtnis. Das heißt:

✔ Nimm dir Zeit zum Lernen.

✔ Zeige deinem Gehirn, dass du am Lernstoff interessiert bist!

✔ Merke dir den Lernstoff, indem du dir die Sachen in tollen farbigen Bildern vorstellst.

✔ Lerne mit allen Sinnen (lies laut, laufe beim Lesen auf und ab, schreibe kurze Zusammenfassungen, erzähle mit eigenen Worten, was du gelesen oder gehört hast).

✔ Wiederhole nochmals den Stoff, den du schon einmal gelernt hast!

Und damit du *wirklich* in aller Ruhe lernen kannst, denke an die 3. AHA-Faustregel:

> Begreife, was dein Schweinehund tut!
> Er schreit und tobt oft voller Wut.
> Dann schmeichelt er, um dich rumzukriegen,
> er möchte immer wieder siegen.
>
> Begreife, was dein Schweinehund tut!
> Beim Lernen geht es ihm nicht gut.
> Wenn du nicht machst, was er sich denkt,
> probiert er alles, bis er dich fängt.

Schweinehund: **Diese doofen Sprüche kannst du dir echt sparen. Mein Lernling hat mir gerade geflüstert, dass sie ihn schrecklich langweilen. Also hör auf damit!**

Fliegenferkel FF-Super: Aufhören? Jetzt? Wo es immer spannender wird? Ach nöööööö … Komm, sing lieber mit beim nächsten Fliegenferkel-Rap:

> Jetzt, wo du weißt, wie dein Hirn funktioniert,
> denke in Bildern, dann läuft's wie geschmiert.
> Mit Bildern zu üben, ist kein Problem,
> probiere es aus, dann wirst du es seh'n.
>
> Press' nicht zu viel in dein Hirn hinein,
> lern in Portionen, so muss es sein.
> Jetzt, wo du weißt, wie dein Hirn funktioniert,
> lern mit allen Sinnen, dann läuft's wie geschmiert!

„Wau", sagte das Hundeschwein auf Schei-kaos. „Ich kann's einfach nicht glauben. Kannnix beginnt plötzlich einen Zauberspruch nach dem anderen zu lernen. Dauernd erzählt er mir, welche Bilder er sich dazu vorstellt. Dann lacht er sich jedes Mal krumm und schief, so witzig findet er sich. Er sagt, dass er sich die Zaubersprüche jetzt ganz leicht merken kann. Langsam aber sicher wird mir das richtig unheimlich! Na ja, aber eigentlich bin ich schon mächtig gespannt, wie das weitergeht."

Fliegenferkel FF-Super: Wenn du, Lernling, auch gespannt bist, dann schlage ich vor, dass wir jetzt zum 4. Lernabenteuer aufbrechen!
Wir schauen uns an …

Was der Schweinehund oft verhindert
und
Warum dir Planung und Ordnung beim Lernen helfen können

Schweinehund: Was heißt hier „verhindert"? Ich und der Lernling, wir finden Planung und Ordnung vollkommen sinnlos, absolut überflüssig, total bescheuert.

Fliegenferkel FF-Super: Kannst du uns das genauer erklären?

Schweinehund: Kein Problem, hör dir nur meinen nächsten weltberühmten Schweinehund-Song an und du weißt, was ich meine:

Planung und Ordnung lieb ich nicht sehr,
Chaos und Durcheinander umso mehr.
Ich mag es, wenn alles, was ich besitze,
um mich herumliegt – ich mach keine Witze:
Radiergummis, Sticker, Kuchenreste,
Turnschuhe, Socken, Stifte und Weste,
Blätter, Zeitschriften, Popcorn und Rettich,
alles verteilt auf Schreibtisch und Teppich.

Planung und Ordnung sind uns nicht wichtig,
'ne schöne Unordnung, die ist richtig.
Hauptsache wir finden, was wir suchen,
selbst wenn draufliegt der Sahnekuchen!
Lernling, tu mir den Gefallen und sei nicht bereit,
auf das Fliegenferkel zu hören,
sonst gibt's bei uns …
… Streit!

Fliegenferkel FF-Super: Da hörst du's, Lernling! Das ist *die* Gelegenheit, auch einmal etwas zu vergessen – nämlich das, was dir dein Schweinehund gegrunzt hat! Wirf es schnell aus deinem Ultrakurzzeitgedächtnis! Bei unserem neuen Lernabenteuer gehen wir nämlich vom Gehirn zum PO.

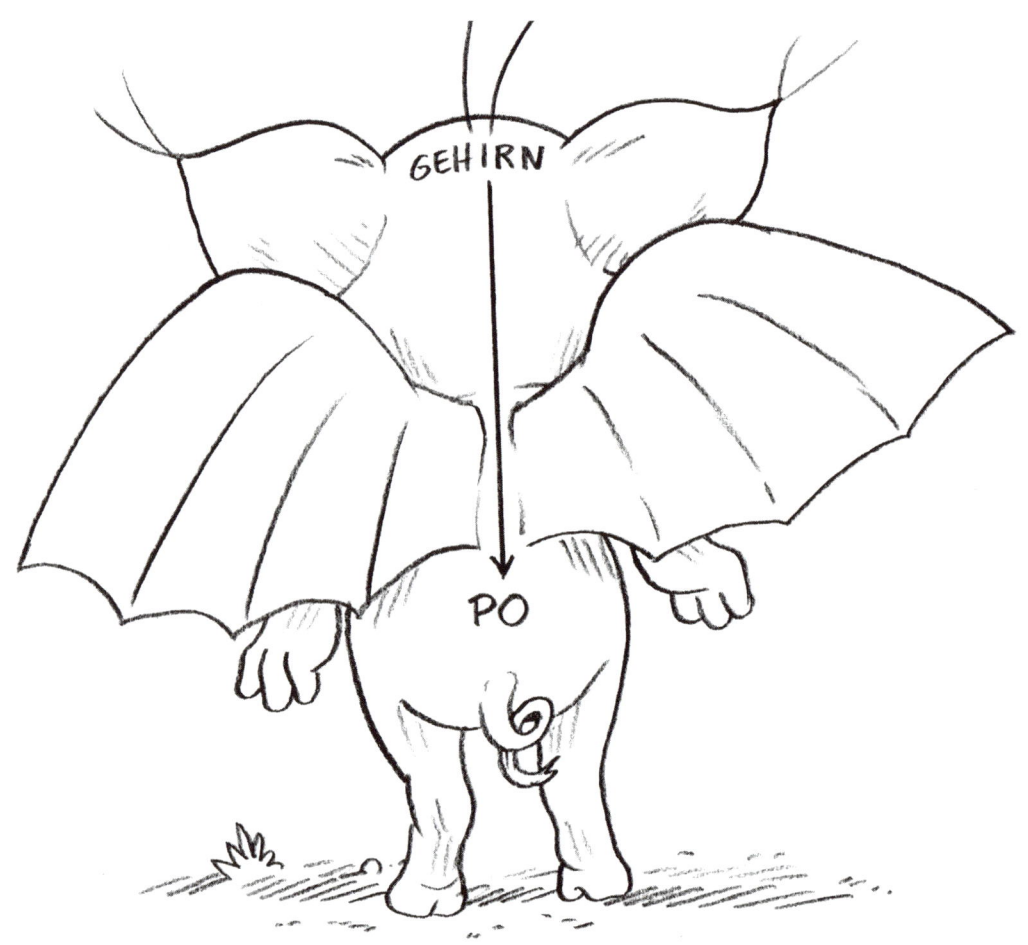

Schweinehund: Wie bitte? Zum Po? Iiiii! Das darf doch nicht wahr sein! Sag bloß, du wirst jetzt über deinen oder sonst irgendeinen Po sprechen. Was hat denn das mit dem Lernen zu tun?

Fliegenferkel FF-Super: Jetzt bist du also doch noch neugierig geworden, oder? PO hat jede Menge mit Lernen zu tun! PO ist nämlich die Abkürzung für Planung und Ordnung.

Schweinehund: Haha! Das war der Scherz des Jahrhunderts. Bitte kitzle mich, damit ich lache! Aber lassen wir diese blöden Witze! Bei mir und meinem Lernling klappt die Planung hervorragend. Und Ordnung haben wir sowieso. Du kannst also dieses total nutzlose Lernabenteuer ruhig überspringen und gleich Schluss machen.

Fliegenferkel FF-Super: Oha, dann wisst ihr zwei ja mehr als ich! Habt ihr nicht vielleicht Lust, mir zu zeigen, wie ihr das macht?

Schweinehund: Na gut, du olle Ferkelfliege, weil wir soooo nett sind, wird dir der Lernling gleich mal zeigen, was wir so alles draufhaben!

Fliegenferkel FF Super: Super, vielen Dank! Dann würde ich dich bitten, Lernling, die Antworten anzukreuzen, die am ehesten auf dich zutreffen:

		stimmt	stimmt manchmal	stimmt nicht
1	Ich bemerke erst im Unterricht, dass ich Schulsachen vergessen habe.	☐ A	☐ B	☐ C
2	Schulsachen, die ich brauche, muss ich immer erst suchen.	☐ A	☐ B	☐ C
3	Ich verbringe am Nachmittag so viel Zeit mit meinen Freunden, dass ich keine Zeit mehr für meine Hausaufgaben habe.	☐ A	☐ B	☐ C
4	Ich schiebe meine Hausaufgaben gerne auf, oft bis zum Abend.	☐ A	☐ B	☐ C
5	Ich gebe ausgeliehene Bücher oder Sachen pünktlich zurück.	☐ C	☐ B	☐ A
6	Ich erledige meine Hausaufgaben ordentlich.	☐ C	☐ B	☐ A
7	Meine Eltern müssen mich oft ermahnen, damit ich meine Hausaufgaben mache.	☐ A	☐ B	☐ C
8	Ich notiere mir meine Hausaufgaben in meinem Hausaufgabenheft.	☐ C	☐ B	☐ A
9	Auf meinem Schreibtisch liegt alles (z.B. Stifte, Lineal, Hefte und Bücher), was ich für meine Hausaufgaben brauche.	☐ C	☐ B	☐ A
10	Ich erledige meine Hausaufgaben an unterschiedlichen Plätzen (Esstisch, Wohnzimmertisch, Schreibtisch, Bett).	☐ A	☐ B	☐ C
11	Auf meinem Schreibtisch liegen auch andere Sachen, z.B. Comics und Spielsachen.	☐ A	☐ B	☐ C
12	Ich beginne mit meinen Hausaufgaben zu einer bestimmten Startzeit, die ich festlege.	☐ C	☐ B	☐ A

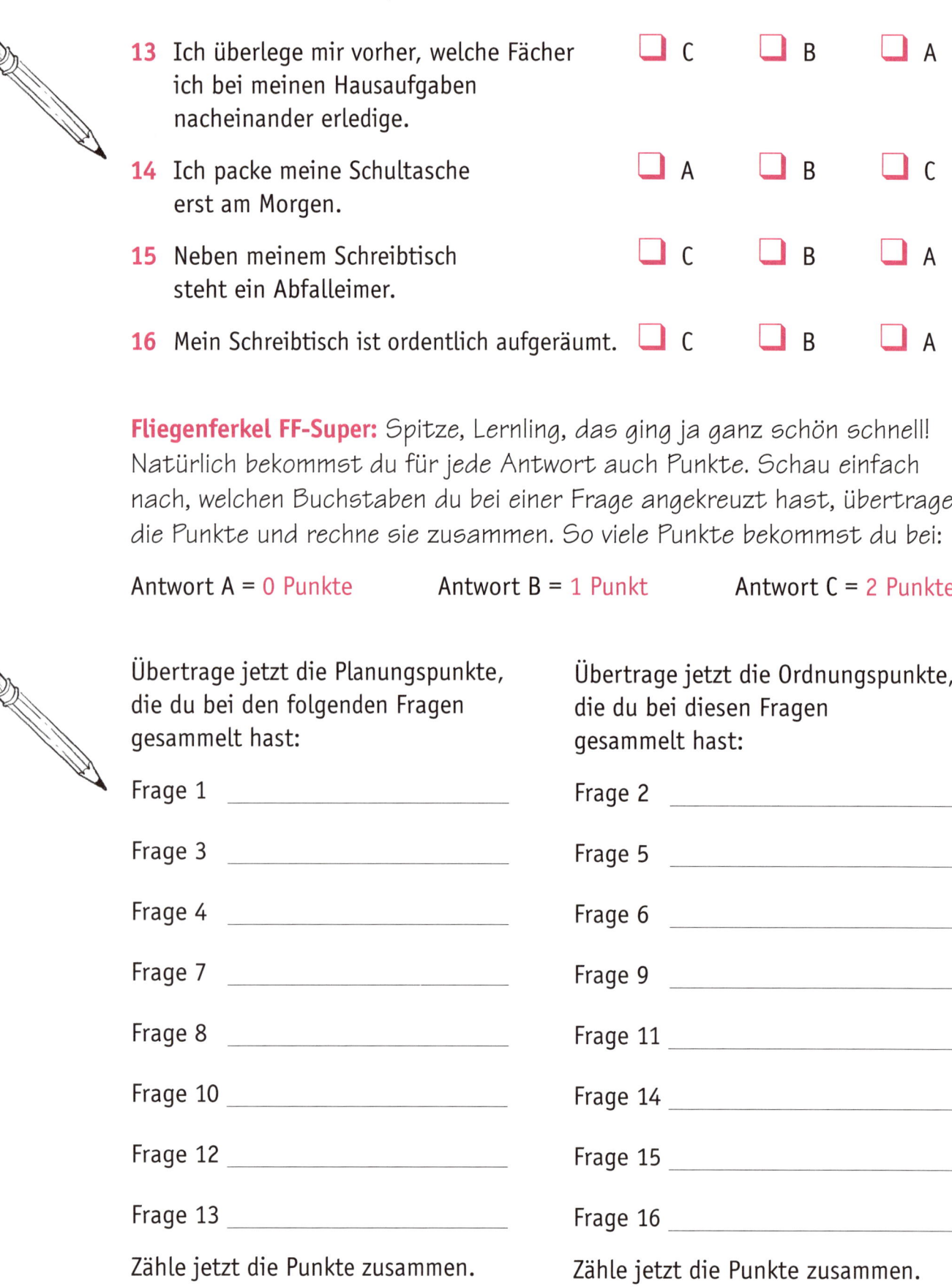

13 Ich überlege mir vorher, welche Fächer ich bei meinen Hausaufgaben nacheinander erledige. ☐ C ☐ B ☐ A

14 Ich packe meine Schultasche erst am Morgen. ☐ A ☐ B ☐ C

15 Neben meinem Schreibtisch steht ein Abfalleimer. ☐ C ☐ B ☐ A

16 Mein Schreibtisch ist ordentlich aufgeräumt. ☐ C ☐ B ☐ A

Fliegenferkel FF-Super: Spitze, Lernling, das ging ja ganz schön schnell! Natürlich bekommst du für jede Antwort auch Punkte. Schau einfach nach, welchen Buchstaben du bei einer Frage angekreuzt hast, übertrage die Punkte und rechne sie zusammen. So viele Punkte bekommst du bei:

Antwort A = 0 Punkte   Antwort B = 1 Punkt   Antwort C = 2 Punkte

Übertrage jetzt die Planungspunkte, die du bei den folgenden Fragen gesammelt hast:

Frage 1 _____

Frage 3 _____

Frage 4 _____

Frage 7 _____

Frage 8 _____

Frage 10 _____

Frage 12 _____

Frage 13 _____

Zähle jetzt die Punkte zusammen.

Du hast insgesamt _____ Planungspunkte.

Übertrage jetzt die Ordnungspunkte, die du bei diesen Fragen gesammelt hast:

Frage 2 _____

Frage 5 _____

Frage 6 _____

Frage 9 _____

Frage 11 _____

Frage 14 _____

Frage 15 _____

Frage 16 _____

Zähle jetzt die Punkte zusammen.

Du hast insgesamt _____ Ordnungspunkte.

Fliegenferkel FF-Super: Übertrage deine Punkte jetzt bitte auf die Hantel, die der Schweinehund so genial auf seinem Fuß balanciert. Male die Planungspunkte rot aus und die Ordnungspunkte blau. Wenn du bei einer Frage null Punkte hast, dann bleibt das entsprechende Feld leer. Wenn du einen Punkt hast, male die obere Hälfte des Ringes aus, bei zwei Punkten kannst du beide Hälften des Ringes ausmalen.

1 3 4 7 8 10 12 13

2 5 6 9 11 14 15 16

Planung

Ordnung

Wenn du die Hanteln ganz ausmalen konntest, dann darfst du richtig stolz auf dich sein und dich loben! Wenn noch ein paar Felder weiß geblieben sind, dann verrate ich dir folgenden Trick:

Schau dir die entsprechenden Fragen am besten noch mal zusammen mit deinen Eltern an. Vielleicht fällt euch gemeinsam ein, was du noch ändern könntest. Zum Beispiel könntest du die Schultasche regelmäßig am Abend für den nächsten Tag packen. Und jeden Tag kontrollieren, ob die Stifte gut gespitzt und in Ordnung sind. Oder den Schreibtisch „entmüllen"! Sicherlich hast du selbst auch noch viele gute Ideen …

Einen Trick solltest du dir aber unbedingt merken: Immer wenn du dich auf deinen Schreibtischstuhl und damit auf deinen PO setzt, denke an Planung und Ordnung. Falls dein Schweinehund dann grunzt oder bellt, weil er die Unordnung so sehr liebt, dann erinnere dich einfach an die 4. AHA-Faustregel:

Räume auf mit deinem Schweinehund!
Zeig ihm, wo's lang geht, tu es ihm kund.
Plane dein Lernen ganz genau,
lass dich nicht ablenken, du weißt, er ist schlau.

Räume auf mit deinem Schweinehund!
Behaupte dich, sonst treibt er's zu bunt.
Schaffe Ordnung, auch wenn er nicht will,
schieb ihn zur Seite, dann ist er gleich still.

Schweinehund: Ich protestiere! Ich protestiere! Ich pro …!

Fliegenferkel FF-Super: Komm schon, Schweinehund, jetzt zeig ruhig mal, wie schlau du bist und hilf dem Lernling, die folgenden Fragen zu beantworten:

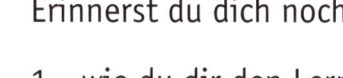

Erinnerst du dich noch daran, …

1. wie du dir den Lernstoff besser merken kannst?

_____

2. wie du Gedichte leichter lernen kannst?

_____

_____

_____

_____

_____

3. wie die Informationen in dein Langzeitgedächtnis gelangen?

_____

_____

4. Kreuze die richtigen Sätze an:

   ❑ Nimm dir Zeit zum Lernen!

   ❑ Wiederhole den Lernstoff!

   ❑ Lerne nur mit den Augen!

   ❑ Interesse macht das Lernen leichter!

5. Was bedeutet PO?

_____

6. Wie heißt die 4. AHA-Faustregel?

_____

7. Welches Thema war für dich bisher das wichtigste?

_____

_____

8. Was möchtest du in nächster Zeit anders machen?

_____

_____

Fliegenferkel FF-Super: Vielen Dank, dass du dir so viele Gedanken gemacht hast. Du hast dir jetzt echt eine Belohnung verdient! Lass uns doch gemeinsam den nächsten Fliegenferkel-Rap lesen – rappe doch einfach mit:

P und O ist PO,
Lernen, das geht so:
P, das steht für richtige Planung.
Davon hast du jetzt 'ne Ahnung.
Teil' die Zeit genau dir ein,
dann wird dein Lernen besser sein!

P und O ist PO,
Lernen, das geht so:
Tolle Ordnung steht für O.
Das weißt du nun, drum bin ich froh.
Räum' deinen Schreibtisch immer auf,
nur was du brauchst, liegt obendrauf!

Kannnix war total verschwitzt. Er schuftete – wie nie zuvor in seinem Leben. Gerade schleppte er einen großen Tisch in die erste Halle der Burg. „Das ist ab sofort mein Schreibtisch. An dem lerne, schreibe und rechne ich", verkündete er stolz. Dann stellte er ein großes schwarzes Brett daneben. Alle AHA-Faustregeln und alle Fliegenferkel-Raps hatte er bereits fein säuberlich ausgeschnitten. Die AHA-Faustregeln hingen ordentlich links und die Fliegenferkel-Raps ordentlich rechts.

„Das wird ja immer schlimmer mit dem", dachte das Hundeschwein. „Eine Weile fand ich es ja ganz lustig. Langsam aber sicher dreht der total durch! Andauernd singt er: ‚P und O ist PO. Lernen, das geht so!'. Wie soll das bloß noch enden? Außerdem teilt er sich seine Aufgaben jeden Tag ein und schreibt auf sein schwarzes Brett, was er gemacht hat. Der helle Wahnsinn!"

Fliegenferkel FF-Super: Super, das war jetzt richtig spannend. Ich kann es kaum erwarten, das nächste Abenteuer zu bestehen! Und was ist mit dir, Lernling? Bist du bereit für das 5. Lernabenteuer? Du erfährst dabei …

Warum der Schweinehund bockt
und
Weshalb es sich lohnt, im Unterricht aufzupassen

Schweinehund: Aufpassen??? Was ich davon halte, das singe ich dir gleich mal vor. Hör gut zu bei meinem nächsten Schweinehund-Song:

Schule, Unterricht jeden Tag,
das ist etwas, was ich nicht mag!
Morgens um acht beginnt diese Plage,
ständig stellt dir der Lehrer 'ne Frage.
Dein Hirn rattert ununterbrochen,
dein dauerndes Denken fährt mir in die Knochen.

Hilfe, Hilfe, ich halt das nicht aus,
schau doch ganz schnell mal zum Fenster hinaus!
Siehst du den Baum dort drüben lachen?
Er möchte mit dir Faxen machen!
Waaas? Ich soll dich nicht ständig stören?
Wiiiie? Du möchtest jetzt endlich zuhören?

Ich bin es leid, wenn du dich konzentrierst,
zuhörst, dich meldest, für den Unterricht interessierst.
Ich will nicht, dass du aufpasst in jedem Fach.
Du hast Recht, ich stör dich und mache Krach.
Schau dir an, wie ich das Problem löse:
Entweder ich döse ... oder ich bocke,
wenn ich im Unterricht hocke.

Fliegenferkel FF-Super: Mensch, Schweinehund! Kapier doch endlich: Dösen oder bocken bringen dem Lernling in der Schule nur Ärger! Er kommt nicht mit, er wird geschimpft und er braucht doppelt so viel Zeit zum Nachholen. Es wird wirklich Zeit, dass du gebändigt wirst. Schließlich ist der Lernling ja auf dem besten Weg, ein großer Dompteur zu werden!

Schweinehund: Bändigen? Mich? Was denkst du von mir! Ich bin entsetzt! Ich und mein Lernling, wir sind immer ein Herz und eine Seele. Was ich sage, macht er liebend gerne. Ich bin nämlich sein Superstar!

Fliegenferkel FF-Super: Oho, Schweinehund. Du bist ja ein echter Angeber! Hältst du den Lernling etwa für so dumm? Ich glaube, er hat dich inzwischen sehr gut kennen gelernt und ist auf der Hut vor dir.

Schweinehund: Was heißt „auf der Hut vor mir"?

Fliegenferkel FF-Super: Das heißt, er ist vorsichtig.

Schweinehund: Vorsichtig? Von mir aus kann er den Hut ruhig abnehmen und dir geben, du lästiger Fliegenpilz. Hüte du dich lieber vor mir!

Fliegenferkel FF-Super: Das hättest du wohl gerne. Lieber Lernling, wenn du herausfinden willst, wie du deinen Schweinehund bändigen kannst, beantworte einfach ganz ehrlich die folgenden Fragen:

1. Was macht dir im Unterricht Spaß? _____

_____

_____

2. Meldest du dich oft? _____

3. In welchem Fach oder in welchen Fächern meldest du dich besonders oft?

_____

_____

4. Glaubst du, dass du meistens gut aufpasst? _____

_____

_____

5. Halten dich andere für eine gute Schülerin oder einen guter Schüler? Was denkst du?

_____

6. In welchem Fach oder in welchen Fächern möchtest du besser werden?

_____

7. Hast du eine Idee, wie du das machen könntest? _____

_____

8. In welchem Fach oder in welchen Fächern kannst du dich gut konzentrieren?

_____

9. In welchem Fach oder in welchen Fächern kannst du dich überhaupt nicht konzentrieren?

_____

10. Ist es für dich wichtig, dass deine Lehrer dich mögen? _____

11. Findest du die Schule wichtig? _____

12. Wenn ja, warum? Wenn nein, warum nicht? _____

_____

13. Wenn du nicht in die Schule gehen müsstest, was würdest du am liebsten den ganzen Tag tun?

_____

14. Wenn du ein zusätzliches Fach in der Schule wählen könntest, welches würde dich interessieren?

_____

15. Fällt dir das Lernen leichter oder schwerer als deinen Klassenkameraden? Oder ist es genau gleich?

_____

Schweinehund: Ich halte nichts von dieser blöden Ausfragerei!

Fliegenferkel FF-Super: Das ist keine Ausfragerei. Es ist nämlich sehr wichtig, dass jeder Lernling spürt, welche Gefühle er hat, wenn er an das Lernen und die Schule denkt. Lernling, wenn deine Gefühle dabei schlecht sind und du vielleicht Bauchschmerzen bekommst, dann habe ich einen superguten Tipp für dich:

Stell dir vor, deine Augen funktionierten wie eine Kamera und deine Ohren wie Mikrofone. Sobald du aufwachst, schalten sich Kamera und Mikrofone ein. Alles was du siehst, wird mit deinen Augen, also mit der Kamera, aufgezeichnet, und alles was du hörst, wird mit deinen Ohren, also mit den Mikrofonen, aufgenommen. Und alle diese Informationen werden zu deinem Gehirn geschickt. Du entscheidest, was du dir merken willst. Alles andere kann dein Schweinehund aus deinem Gehirn werfen.

Schweinehund: *Ganz genau!*

Fliegenferkel FF-Super: Vor dem Unterricht richtest du deine Kamera und deine Mikrofone auf alles Mögliche, was dich interessiert.

Jetzt fängt der Unterricht an. Deine Kamera und deine Mikrofone konzentrieren sich auf den Lehrer und auf den Inhalt des Unterrichtsfachs. Was der Lehrer sagt oder zeigt, wird von deinen Augen und Ohren aufgenommen, das heißt von deiner Kamera und deinen Mikrofonen.

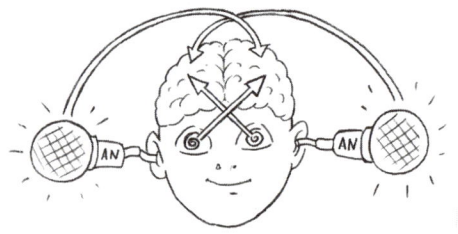

Deine Kamera und die Mikrofone senden nun sofort die Informationen zu deinem Gehirn.

Wenn dich der Unterricht langweilt, weil du kein Interesse daran hast, was der Lehrer erzählt, wird dein Schweinehund riesengroß. Er überredet dich dazu, deine Kamera und deine Mikrofone auf Dinge zu lenken, die dir in dem Moment mehr Spaß machen.

Wenn du den Unterrichtsstoff schwierig findest und du nicht alles verstehst, lauert dein Schweinehund wieder nur darauf, dich abzulenken. Denn wenn du etwas nicht verstehst, wirst du vielleicht unsicher und bekommst Angst. Und wenn dir das öfter passiert, glaubst du vielleicht, du wärst dumm – was aber in Wahrheit gar nicht stimmt! Dann möchtest du dich am liebsten mit dem „Problem", also mit dem, was du nicht verstanden hast, nicht mehr beschäftigen. Deshalb schafft es dein Schweinehund wieder sehr leicht, deine Kamera und deine Mikrofone in eine andere Richtung zu steuern.

Bestimmt ist dir das auch schon einmal passiert, Lernling. Schau dir doch einfach einmal die nächsten drei Bilder an und überlege dir, wie du dich in dem Moment dann gefühlt hast: Wolltest du am liebsten ganz weit weglaufen? Oder warst du vielleicht traurig und hast gedacht, du könntest die Aufgabe sowieso nicht schaffen? Oder hast du beschlossen, es einfach noch einmal zu probieren – weil du nämlich weißt, dass du ein toller Lernling bist?

Bist du vielleicht ein Weglauf-Typ?

Oder vielleicht ein Kopf-in-den-Sand-steck-Typ?

Oder bist du ein Anpack-Typ?

Schweinehund: Also ich mag die Lernlinge besonders gern, die weglaufen oder den Kopf in den Sand stecken. Anpacken hat immer etwas mit Arbeit zu tun – und das hasse ich!

Fliegenferkel FF-Super: Hast du genau zugehört, Lernling, was dein Schweinehund gesagt hat? Das ist ganz schön gemein! Wenn du bisher ein „Weglauf-Typ" oder ein „Kopf-in-den-Sand-steck-Typ" warst, hast du bestimmt auch schon gemerkt, dass das „Problem" danach immer noch nicht gelöst war: du hattest den Unterrichtsstoff trotzdem nicht verstanden.

Deshalb will ich dir einen fabelhaften Fliegenferkel-Trick verraten: Versuche, dich so lange mit dem Thema zu beschäftigen (aber vergiss die Pausen nicht!), bis du es verstanden hast. Stelle ruhig so viele Fragen, bis du genau weißt, was der Lehrer meint. Gib nicht auf! Und egal, was dir dein Schweinehund flüstert: Du bist der mutigste Lernling, den ich kenne und ganz bestimmt nicht dumm!

Wenn du in der Schule bist, dann stell dir vor, du wärst ein berühmter Forscher oder ein bedeutender Entdecker. Einer, der als Erster einen fremden Planeten betritt. Du weißt am Anfang nicht, wie dieser Planet aussieht. Aber du willst es erfahren! Alles, was dir dein Lehrer erzählt und zeigt, ist Wissen, das du irgendwann einmal brauchen kannst. Auch wenn du jetzt vielleicht glaubst, dass manches gar nicht so wichtig sei. Wenn du im Unterricht aufpasst und mitmachst, dann macht das nämlich auch Spaß! Arbeite mit, stelle und beantworte Fragen. Auch wenn die anderen manchmal lachen, weil sie die Frage, die du stellst oder die Antwort, die du gibst, entweder lustig oder vielleicht auch blöd finden. Na und? Mach dir nichts daraus. Du – als zukünftiger Forscher, Entdecker oder Manager –

denkst einfach anders! Wenn du aber aus Faulheit oder aus Angst im Unterricht nicht mitmachst, hat dein Schweinehund sich wieder einmal durchgesetzt! Du verlierst den Überblick und du brauchst viel, viel Zeit, um den Unterrichtsstoff zu Hause nachzuholen.

Wenn du wissen möchtest, wie du mit deinem Schweinehund im Unterricht klarkommst, dann merke dir die 5. AHA-Faustregel:

Hüte dich vor deinem Schweinehund!
Im Unterricht geht's für ihn rund.
Lernling, stell dich ein auf jedes Fach,
konzentrier dich stark und sei ganz wach.

Hüte dich vor deinem Schweinehund!
Befiehl ihm: „Halt im Unterricht den Mund."
Lernling, pass gut auf und mache mit,
dann bleibst du in der Schule fit.

Schweinehund: Sehr geehrtes Fräulein Fliegenferkel, wenn ich immer nur den Mund halten soll, tut mir irgendwann die Hand weh. Darf ich bitte, bitte wenigstens einmal „Piep" sagen?

Fliegenferkel FF-Super: Na klar, in der Pause und in der Freizeit! Dann hat der Lernling nämlich viel, viel Zeit für dich!

Schweinehund: Phhh, das muss ich mir aber noch gut überlegen, ob ich damit einverstanden bin …

Fliegenferkel FF-Super: Ach komm, Schweinehund, jetzt tu nicht so beleidigt. Mach lieber mit beim nächsten Fliegenferkel-Rap!

Entdecke das Lernen wie ein fremdes Land,
und stecke dabei nicht den Kopf in den Sand.
Lauf nicht weg, wenn du meinst, es sei sehr schwer,
pack es an und hol dir doch Hilfe her.

Schalt im Unterricht deine Kamera ein,
zeichne aufmerksam auf – das muss so sein.
Schalt im Unterricht Mikrofone dazu,
nimm auf, was du hörst, du verstehst es im Nu!

„Pass gut auf", so heißt mein Schulrezept,
und ich hoffe, du hast jetzt toll mitgerappt!

Erst jetzt merkte Kannnix, was beim Lernen früher alles falsch gelaufen war. Wenn der Lehrer in der Zauberschule etwas erzählt hatte, war damit das Lernen für Kannnix schon abgehakt. Er hatte nämlich immer geglaubt, dass er zu Hause nichts mehr lernen müsste. Schließlich hatte er ja zugehört. Oder auch nicht! Denn Aufpassen war ihm nie wirklich wichtig. Es gab doch so viele interessante andere Dinge. Sein „Schweinehund" hatte immer gesiegt – nur bis heute hatte Kannnix das gar nicht gewusst.

Jetzt merkte er aber ganz genau, was für ihn richtig war: Er wollte nie mehr ein „Kopf-in-den-Sand-steck-Typ" oder ein „Weglauf-Typ" sein. Ab heute würde er nur noch ein „Anpack-Typ" sein. Großes Zaubererehrenwort!

Fliegenferkel FF-Super: Lernling, wenn du auch ein echter „Anpack-Typ" werden willst, dann lass uns gemeinsam zum 6. Lernabenteuer aufbrechen. Ich möchte dir dabei zeigen …

Was der Schweinehund nicht mag
und
Was du unbedingt bei den Hausaufgaben beachten solltest

Schweinehund: Genau, endlich erfährst du etwas wirklich Wichtiges, nämlich das, was ich nicht mag – und was du dabei beachten solltest. Die Antwort gibt es gleich in meinem nächsten Schweinehund-Song zu hören. Sperr also die Ohren auf!

Ich bin dein innerer Schweinehund
und treib's mit dir oft gar zu bunt.
Schule liebe ich nicht sehr.
Spielen dafür umso mehr.
Ist die Schule endlich aus,
jage ich dich schnell hinaus.

Vorbei das Rechnen, Schreiben, Lesen,
schrecklich ist's für mich gewesen!
Waaas? Du sagst, du musst noch üben?
Den Text mit den verrückten Rüben?
Nein, um Himmels willen nein!
Lernen muss heut' nicht mehr sein!
Lernen muss heut' nicht mehr sein!

Fliegenferkel FF-Super: Typisch Schweinehund!!! Den ganzen Tag nur faulenzen und bei der kleinsten Aufgabe jaulen. Vergiss ihn, Lernling, schieb ihn zur Seite! Denn beim Lernen ist es superwichtig, dass du dich konzentrieren kannst! Alles, was du gehört, gesehen, geschrieben oder gelesen hast, solltest du wiederholen, damit es in deinem Gehirn abgespeichert werden kann. Dann kannst du dich nämlich auch später noch an das erinnern, was du gelernt hast.

89

Schweinehund: Ja, ja, ja. Das wissen wir schon längst. Kannst du mir jetzt endlich die allerwichtigste Frage beantworten? Was müssen wir tun, damit wir so schnell wie möglich mit unseren Hausaufgaben fertig sind?

Fliegenferkel FF-Super: Oho, was ist denn mit dir los? Du wirst doch nicht auf deine alten Tage noch ein Lernfan werden? Aber eigentlich wolltest du doch sicher fragen: „Was kann der Lernling tun, um seine Hausaufgaben so gut wie möglich zu machen?" Das ist ganz einfach! Wie du schon weißt, ist die Ordnung bei den Hausaufgaben sehr wichtig.

Lass mich noch einmal zusammenfassen:

- ✔ Dein Schreibtisch ist aufgeräumt, bevor du zu lernen beginnst!

- ✔ Auf deinem Schreibtisch liegen keine Gegenstände, die dich ablenken! Zum Beispiel Comics oder Computer, die darauf lauern, mit dir ein Spiel zu spielen.

- ✔ Deine Arbeitsmittel, Stifte, Radiergummi, Lineal und Ähnliches, sind griffbereit und in Ordnung.

Du weißt aber inzwischen auch, dass die Planung der Hausaufgaben sehr wichtig ist:

- ✔ Eine Planungstafel (zum Beispiel eine Pinnwand oder eine Plastiktafel, auf die man mit Filzstiften schreiben kann), hängt in der Nähe deines Schreibtisches!

- ✔ Überlege dir eine Uhrzeit, wann du mit deinem Hausaufgaben anfangen möchtest. Versuche, immer pünktlich zu beginnen.

- ✔ Mach dir einen schriftlichen Lernplan. Damit lassen sich Lernzeit und Freizeit ganz leicht trennen. Wie so ein Lernplan aussieht, das zeige ich dir gleich.

- ✔ Nachdem du deine Hausaufgaben erledigt hast, streichst du sie auf deinem Lernplan durch! Fertig!!!

Schweinehund: Ach, wie ich all diese überflüssigen Aufgaben hasse!

Fliegenferkel FF-Super: Überflüssig? Quatsch! Lernpläne machen dein Lernleben viel einfacher. Du siehst nämlich genau, was noch zu tun ist. Und du siehst natürlich auch, was du schon alles getan hast. Und wenn du, Lernling, deine Aufgaben erledigt hast, beginnt deine Freizeit. Und wenn du es richtig machst, wirst du immer besser werden. Ist das nicht toll? Du fühlst dich sicherer in der Schule, hast keine Angst aufgerufen zu werden und bist immer sehr gut vorbereitet. Du bist, mit einem Wort gesagt, topfit.

Schweinehund: Na, na, na! Jetzt zeig uns erst mal, wie so ein Lernplan aussehen soll. Hoffentlich geht das Lernen dann wie geschmiert, damit mein Lernling schnell Freizeit hat. Also leg endlich los!

Fliegenferkel FF-Super: Lernling, auf der nächsten Seite habe ich einen Beispiel-Lernplan für dich zusammengestellt. Sicher sieht dein Stundenplan für die Schule ganz anders aus. Ich möchte dir mit diesem Beispiel-Lernplan auch nur zeigen, was man darunter versteht. Und ich möchte dir zeigen, wie du dir das Lernen in Zukunft leichter machen kannst.

Schweinehund: Bist du verrückt geworden? Das wird ja immer schlimmer! Vielleicht besteht dein Ferkelleben auf deinem komischen Planeten nur aus Lernen, Lernen, Lernen. Ich und mein Lernling aber, wir ...

Fliegenferkel FF-Super: Lernling, hör nicht auf sein Gejaule! Auf den ersten Blick sieht dieser Plan vielleicht nach viel Arbeit aus. Aber die Zeit, die du anfangs einsetzt, lohnt sich! Dein Lerngebäude bekommt einen festen Halt und die Schule macht dann wirklich viel mehr Spaß! Du bist immer gut vorbereitet, hast keinen Stress, fühlst dich wohl und kannst deine Freizeit richtig genießen!

Schweinehund: Haha, nur die vielen Stunden zwischen den Pausen langweilen uns immer so furchtbar.

Fliegenferkel FF-Super: Damit dir das auf keinen Fall passiert, lieber Lernling, erkläre ich dir nun Schritt für Schritt, wie du mit dem Beispiel-Lernplan auf der nächsten Seite umgehen kannst.

Beispiel-Lernplan

Zeit	Montag	Dienstag	Mittwoch	Donnerstag	Freitag	Samstag	Sonntag
8.00 – 8.45	Deutsch	Mathe	Sachkunde	Mathe	Musik		
8.45 – 9.30	Deutsch	Religion	Musik	Mathe	Mathe		
	Pause	Pause	Pause	Pause	Pause		
9.45 – 10.30	Mathe	Deutsch	Mathe	Religion	Mathe		
10.30 – 11.15	Musik	Deutsch	Mathe	Zeichnen	Deutsch		
	Pause	Pause	Pause	Pause	Pause		
11.30 – 12.15	Sachkunde	Sport	Deutsch	Zeichnen	Deutsch		
12.15 – 13.00	frei	Sport	frei	Sport	frei		

MITTAGSPAUSE

Startzeit	14.30	15.15	14.30	15.15	14.30		
	Wiederholung: Sachkunde	Hausaufgaben: Deutsch	Hausaufgaben: Deutsch	Hausaufgaben: Zeichnen	Hausaufgaben: Deutsch		Vorbereitung (kurz!): Deutsch Mathe Musik Sachkunde
	Wiederholung: Musik	Wiederholung: Religion	Hausaufgaben: Mathe	Wiederholung: Religion	Hausaufgaben: Mathe		
	Hausaufgaben: Mathe	Pause	Pause	Hausaufgaben: Mathe	Pause		
	Pause	Hausaufgaben: Mathe	Wiederholung: Musik	Pause	Wiederholung: Sachkunde		
	Hausaufgaben: Deutsch	Wiederholung: Sachkunde	Wiederholung: Sachkunde	Wiederholung: Deutsch	Wiederholung: Musik		
	Vorbereitung: Religion	Wiederholung: Musik	Vorbereitung: Religion				

FREIZEIT

Sieh dir bitte auf dem Beispiel-Lernplan einmal den Montag an:

Unterrichtsschluss:	12.15 Uhr
Hausaufgaben:	Mathe: zwei Aufgaben
	Deutsch: ein Gedicht lernen
Pause:	Zuerst gönnst du dir eine Pause (Heimweg, Mittagessen). In dieser Zeit kann dein Gehirn verdauen, was es in der Schule aufgenommen hat.
Startzeit:	Wenn du zu Hause bist, legst du eine Uhrzeit fest, wann du mit den Hausaufgaben beginnst. Zum Beispiel um 14.30 Uhr.
Wiederholung:	Zuerst wiederholst du etwa zehn Minuten Sachkunde.
	Du wiederholst in Gedanken oder auch laut, was im letzten Unterrichtsfach besprochen wurde, auch wenn du keine Hausaufgaben aufbekommen hast! Stelle dir das Wichtigste in Bildern vor. Sieh dir deine Aufzeichnungen im Heft an und lies sie nochmals durch. Fasse sie laut zusammen. Stelle dir selbst Fragen dazu und beantworte sie.
Wiederholung:	Nun wiederholst du etwa fünf bis zehn Minuten lang die Sachen, die in Musik besprochen wurden, dem vorletzten Unterrichtsfach an diesem Montag.
	Überlege dir, worum es in Musik ging. Habt ihr vielleicht gesungen? Worum ging es in den Liedern? Habt ihr über einen Komponisten gesprochen? Wie hieß er? Wann wurde er geboren? Wo hat er gelebt? Stell dir wieder Fragen und beantworte sie.

Hausaufgaben:	Jetzt beginnst du mit deinen Hausaufgaben in Mathe:

Welcher Aufgabentyp ist zu bearbeiten? Ist dir klar, wie diese Aufgaben zu lösen sind? Hast du sie verstanden? Sieh dir die Beispiele aus dem Unterricht noch einmal Schritt für Schritt an. Nimm dir genügend Zeit! Rechne die Aufgaben. Wenn du die Aufgaben nicht lösen konntest, dann frage unbedingt am nächsten Tag nach. Lass nicht locker!

Pause:	Ganz wichtig: Mach jetzt zehn Minuten Pause!

Selbst wenn du glaubst, dass das nicht nötig sei und du gleich weitermachen könntest: S T O P P! Gönne deinem Gehirn die Zeit. Du weißt ja: Es muss das Gelernte in deinem Gedächtnis erst an die richtige Stelle bringen!

Hausaufgaben:	Jetzt machst du deine Hausaufgaben in Deutsch:

Lies das Gedicht langsam laut vor und versuche, dir Bilder dazu vorzustellen. Male die Bilder neben die einzelnen Verse. Lass deine Filmkamera (Augen) über die Bilder laufen und sprich dazu laut das Gedicht, das du zugedeckt hast.

Vorbereitung:	Zum Schluss bereitest du dich etwa zehn Minuten lang auf Religion vor:

Überlege dir, was ihr in der letzten Woche in Religion besprochen habt. Lies den Hefteintrag, wenn ihr etwas aufgeschrieben habt.

Schweinehund: Jetzt ist mein Lernling aber wirklich topfit und hat endlich Freizeit!

Fliegenferkel FF-Super: Warte, noch einen Moment, ich muss dem Lernling noch ganz schnell etwas Wichtiges sagen! Lieber Lernling, bitte mach deine Hausaufgaben immer an dem Tag, an dem du sie aufbekommen hast. Auch wenn du das betreffende Fach erst einige Tage später wieder hast. Der Grund dafür ist ganz einfach: Jeder Mensch vergisst! Wie das passiert, zeige ich dir gleich einmal am Beispiel von neuen Vokabeln:

Stell dir vor, ich erkläre dir zehn englische Wörter, die du noch nicht kennst. (Auch wenn du sie schon kennen solltest, tun wir jetzt einfach so, als ob du sie noch nie gehört hättest!)

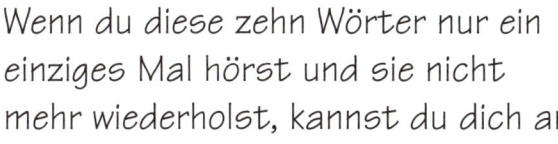

Straße = street	Hund = dog
Auto = car	Wolke = cloud
Mädchen = girl	Junge = boy
Tasse = cup	Stuhl = chair
Banane = banana	Apfel = apple

Wenn du diese zehn Wörter nur ein einziges Mal hörst und sie nicht mehr wiederholst, kannst du dich am nächsten Tag nur noch an etwa fünf Vokabeln erinnern. Und nach einer Woche kannst du dich nur noch an eine einzige Vokabel erinnern!

Schweinehund: Waaaaas? Das ist ja der helle Wahnsinn. Warum denn das?

Fliegenferkel FF-Super: Ganz einfach deshalb, weil jeder Mensch vergisst. Vergessen ist eine ganz natürliche Sache und hat überhaupt nichts mit Dummheit zu tun. Alles, was du in der Schule gelernt hast, muss also unbedingt wiederholt werden. Nur so kannst du es im Kopf behalten.

Schweinehund: Nach einer Woche nur noch eine Vokabel? Das ist ja ätzend! Ich kann es nicht fassen. Was muss man denn tun, um nach einer Woche noch alle Vokabeln zu wissen?

Fliegenferkel FF-Super: Das ist eine sehr gute Frage, Schweinehund! An dem Tag, an dem du die neuen Wörter zum ersten Mal gehört hast, vergisst du auch die meisten. Deshalb ist es ganz wichtig, dass du sie gleich am Nachmittag wiederholst. Am besten, du sprichst die Vokabeln laut. Zum Beispiel: *Straße – street.* Stell dir dabei eine Straße vor, auf die du in Gedanken mit einem großen, dicken, farbigen Stift *street* schreibst. Dann sprichst du *street – Straße* und schreibst die Vokabel in dein Heft. Schau noch mal genau hin, wie man *street* schreibt.

Nun sagst du laut: *Auto – car*. Stell dir dabei ein riesengroßes, wunderschönes, buntes Auto vor, auf das du das englische Wort *car* schreibst. Dann sprichst du *car – Auto* und schreibst die Vokabel in dein Heft. Und so weiter. Am Abend, zum Beispiel vor dem Abendessen, wiederholst du die Vokabeln ein zweites Mal und am nächsten Tag ein drittes Mal. Das geht alles ziemlich schnell, du brauchst dafür immer nur ein paar Minuten. Durch die Wiederholungen speicherst du die Vokabeln fest in deinem Gehirn – und vergisst sie nicht mehr!

Schweinehund: Darf ich dir eine unendlich wichtige Frage stellen?

Fliegenferkel FF-Super: Hilfe, ich glaube, ich spinne!

Schweinehund: Bravo. Endlich merkst du's. Aber ich wollte eigentlich nur wissen, was der Unterschied zwischen einem Lehrer und einem Komponisten ist!

Fliegenferkel FF-Super: Hm, der Unterschied? Keine Ahnung.

Schweinehund: Waaaaas? Du kennst den Unterschied nicht? Also, pass auf: Der Komponist schreibt Noten, über die sich jeder freut!

Fliegenferkel FF-Super: Donnerwetter! Da siehst du, Lernling, mit welchen Tricks der Schweinehund immer wieder versucht, dich vom Thema abzulenken. Lege ihn deshalb unbedingt an die lange Leine, wenn du deine Hausaufgaben machst.

Am einfachsten ist das, wenn du dabei an die 6. AHA-Faustregel denkst:

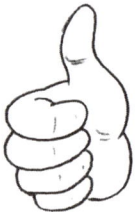

> Leg' deinen Schweinehund an die Leine,
> zeig ihm, du bist der Boss im Haus!
> Sei dir im Klaren, er will nur das eine:
> nichts lernen, faul sein, stören – aus!
>
> Leg' deinen Schweinehund an die Leine,
> sei stark wie nie, wenn er grunzt und schreit!
> Sperr ihn ein, denn Ruhe gibt er sonst keine,
> erst nach dem Lernen hast du für ihn Zeit.

Schweinehund: Mich an die Leine legen? Hilfeeeeeeeeeeeeeeeeee!

Fliegenferkel FF-Super: Na ja, Schweinehund, es gäbe da natürlich noch eine andere Möglichkeit: Du könntest dem Lernling helfen, ein paar Fragen zu beantworten. Willst du?

Schweinehund: Hmpf. Muss das sein?

Fliegenferkel FF-Super: Muss nicht ... – aber es wäre super!

Schweinehund: Na gut. Aber nur, weil mein Lernling so ein cooler Typ ist!

Fliegenferkel FF-Super: Okay. Auf die Plätze, fertig, los!

1. Was macht dein Gehirn mit dem Unterrichtsstoff, den du interessant findest?

_____

_____

2. Wie glaubst du, reagiert dein Gehirn, ...

a) wenn du sagst: „Ich kann das nicht!"? _____

_____

b) wenn du die Schule für nicht so wichtig hältst? _____

_____

3. Was macht dein Schweinehund, wenn dich der Unterricht langweilt?

_____

_____

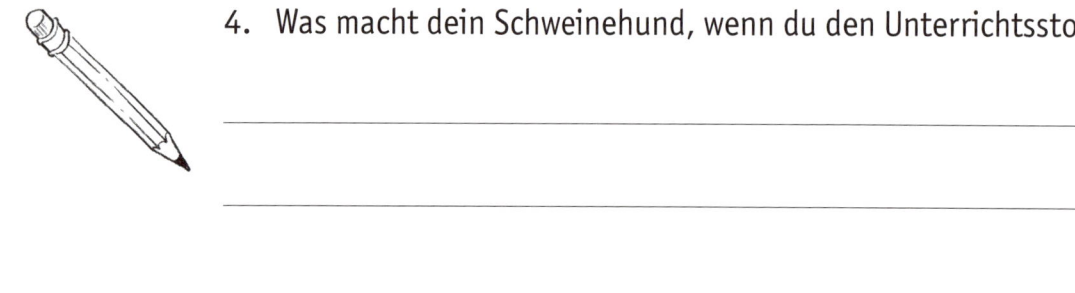

4. Was macht dein Schweinehund, wenn du den Unterrichtsstoff schwierig findest?

_____

_____

Kreuze an, was du für richtig hältst:

5. Ein Weglauf-Typ ...

❏ hat Angst.

❏ möchte besonders stark sein.

❏ sollte sich die Aufgabe mehrmals erklären lassen.

❏ sollte versuchen, seinen Schweinehund zu bändigen.

6. Ein Kopf-in-den-Sand-steck-Typ ...

❏ möchte nicht sehen, dass er Schwierigkeiten hat.

❏ mag Sandstrände.

❏ baut eine Sandburg.

❏ hat Angst.

7. Ein Anpack-Typ ...

❏ schaut sich die Schwierigkeiten ganz genau an.

❏ möchte das Problem ignorieren.

❏ lässt sich das, was er noch nicht verstanden hat, so lange erklären, bis er es verstanden hat.

❏ hat Geduld mit sich.

Fliegenferkel FF-Super: Super, Lernling, weil du das so prima gemacht hast, können wir doch gleich den nächsten Fliegenferkel-Rap gemeinsam rappen:

Geh beim Lernen vor mit 'nem Plan.
Sei ganz ehrlich und halte dich dran.
Was du gemacht hast, das streiche aus.
Jetzt bist du fertig und kannst endlich raus!
Verstehst du was nicht, dann kümm're dich drum,
Lass dir's erklären, du bist doch nicht dumm!

Kannnix war eifrig damit beschäftigt, seinen Lernplan zu machen. Er schrieb:

Startzeit:	2 Uhr
Wiederholung:	10 Minuten: Planetenberechnungen wiederholen
Hausaufgaben:	15 Minuten: neue Planetenberechnungen
Pause:	10 Minuten: Pause
Wiederholung:	10 Minuten: Zaubersprüche wiederholen
Hausaufgaben:	15 Minuten: neue Zaubersprüche lernen
Pause:	15 Minuten: Pause
Wiederholung:	5 Minuten: Diktat von gestern durchlesen und Fehler schriftlich verbessern
Vorbereitung:	10 Minuten: neues Diktat schreiben
	10 Minuten: Diktat korrigieren und Fehler schriftlich verbessern

Freizeit! Hurra!

Als Erstes wiederholte Kannnix die Planetenberechnungen, die er am Vortag gemacht hatte. Dabei fuhr er mit dem Zeigefinger Zeile für Zeile über die Zahlen. Aufmerksam schaute er seine Berechnungen durch und erklärte sie sich selbst. Als er damit fertig war, strich er mit rotem Stift aus:

~~Zehn Minuten: Planetenberechnungen~~ wiederholen

Dann nahm er sich die neuen Planetenberechnungen vor. Das Hundeschwein saß währenddessen seufzend in der Ecke und maulte: „Gleich muss ich ihn wieder abfragen, danach ein Diktat vorlesen und, und, und. Kaum einen Fehler macht er noch. Für mich ist das total langweilig! Und dann freut er sich auch immer noch so höllisch, wenn er alles richtig gemacht hat."

Fliegenferkel FF-Super: Ich hoffe, Lernling, dass du dich nun auch höllisch freust, wenn du beim 7. und letzten Lernabenteuer erfährst ...

Wie du den Schweinehund austrickst
und
Welche Tipps und Tricks du beim Lernen einsetzen kannst

Schweinehund: Mich austricksen? Frechheit! Das lasse ich nicht zu. Mein Lernling würde mir das nie im Leben antun!

Fliegenferkel FF-Super: „Dein" Lernling? Pah, von wegen! Hast du eigentlich noch nicht gemerkt, dass „dein" Lernling schon lange erkannt hat, dass er viel stärker ist als du? Hast du vielleicht auch bemerkt, dass du „deinen" Lernling nicht mehr um die kleine Kralle deiner Pfote wickeln kannst? Siehst du vielleicht endlich ein, dass „dein" Lernling genau weiß, dass er dich schrägen Vogel in den Vogelkäfig setzen muss, wenn er ungestört lernen will?

Schweinehund: Vogelkäfig? Hast du Vogelkäfig gesagt? Wofür hältst du mich eigentlich?

Fliegenferkel FF-Super: Manchmal bist du ein wilder Löwe, der schrecklich brüllt und allen Lernlingen Angst einjagen will. Und manchmal bist du ein schnurrendes Kätzchen – aber meistens bist du ein Papagei, der immer und immer wieder dasselbe plappert.

Schweinehund: Soso! Und was plappere ich denn immer wieder?

Fliegenferkel FF-Super: Na, du hast da verschiedene Tricks auf Lager.

Schweinehund: Ach ja? Welche denn?

Fliegenferkel FF-Super: Das sind zum Beispiel:

Trick 1: „Lernling, du siehst doch, dass du die Aufgabe nicht kannst, gib endlich auf! Lass uns etwas anderes machen."

oder

Trick 2: Lernling, du hast einfach kein Talent für Mathe, Deutsch oder irgendein anderes Fach! Also hör sofort auf, dafür zu lernen."

oder

Trick 3: „Lernling, du brauchst nicht aufzupassen, du weißt doch schon so viel."

oder

Trick 4: „Lernling, rackere dich bloß nicht ab in der Schule, das bringt doch sowieso nichts."

oder

Trick 5: „Lernling, lerne nicht so viel. Das reicht schon."

oder

Trick 6: „Lernling, sei bloß kein Streber! Das ist nämlich voll uncool!"

oder ...

Schweinehund: Hör bloß auf damit. Das ist echt gemein von dir. Was soll mein Lernling denn jetzt von mir denken?

Fliegenferkel FF-Super: Na, ich hoffe, er denkt das Richtige. Dass du ihm nämlich beim Lernen mehr schadest als nützt!

Schweinehund: Schadest? Hast du „schadest" gesagt, du Krötenferkel? Wie sollte ich ihm denn schaden? Wir haben doch immer so viel Spaß miteinander, mein Lernling und ich.

Fliegenferkel FF-Super: Spaß? Du vielleicht! Für den Lernling hört der Spaß ganz schnell auf, wenn er wieder einmal auf deine Tricks hereingefallen ist und nur wegen dir in der Schule Ärger bekommt!

Schweinehund: Lernling, glaub dieses Fliegenferkelgequatsche bloß nicht, hör dir lieber meinen nächsten Schweinehund-Song besonders gut an:

Ja, als Schweinehund möchte ich ständig Vergnügen,
dagegen hilft kein Schimpfen und Rügen.
Ich such mir den Lernling, der mir gefällt,
ich brauch doch einen Freund in dieser Welt.

Und wenn der Lernling nicht auf mich hört,
dann werd ich so lästig, bis es ihn stört.
Meine Trickkiste ist gefüllt bis zum Rand,
einen Ablenkungstrick hab ich immer zur Hand!

Hörst du, Lernling, ich warne dich!
Nur ja keine üblen Tricks gegen mich!
setz' mich bloß nicht in einen Käfig für immer.
Einsperren, mich? Niemals und nimmer!

Fliegenferkel FF-Super: Phhh! Damit kannst du uns aber keine Angst einjagen! Lernling, wenn du den Schweinehund beim Lernen austricksen willst, verrate ich dir jetzt noch ein paar coole Tipps:

Tipp 1: Sei ein Lernling, der sein Kopfsieb engmaschig eingestellt hat.

Sieh dir die beiden Figuren an:

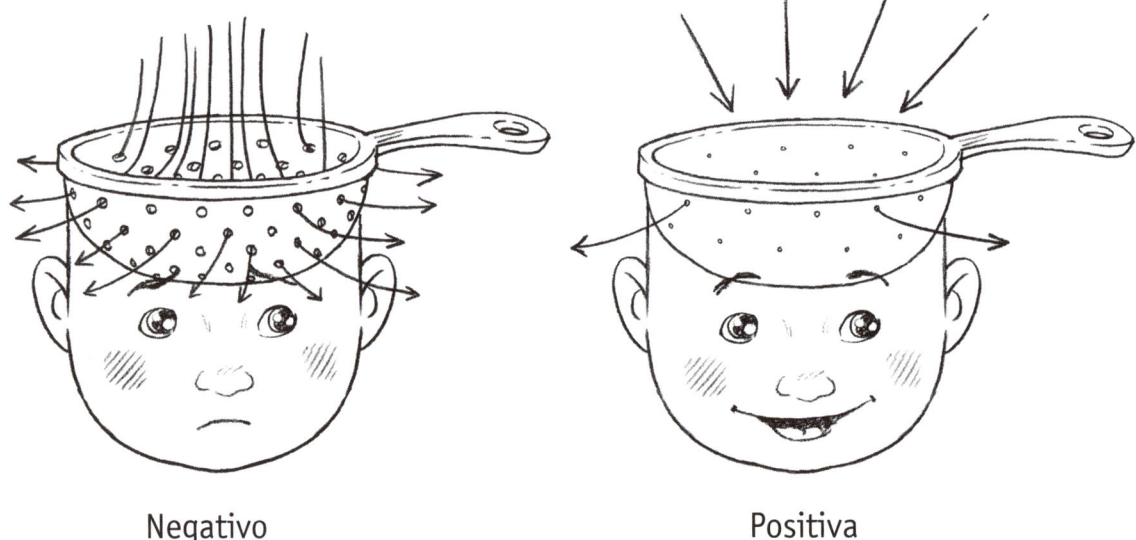

Negativo   Positiva

Negativo hat das Sieb in seinem Kopf sehr grobmaschig eingestellt, weil er keine Lust hat zu lernen. Er findet den Lernstoff langweilig. Ein großer Teil des Lernstoffs fällt deshalb durch die großen Löcher aus dem Kopfsieb heraus.

Positiva hat das Sieb in ihrem Kopf sehr feinmaschig eingestellt, weil sie Lust hat zu lernen. Sie findet den Lernstoff interessant. Ein großer Teil des Lernstoffs bleibt deshalb in ihrem Kopf und nur ganz wenig fällt durch die kleinen Löcher aus dem Kopfsieb heraus.

Tipp 2: Sei ein Lernling, der alle Sinne einsetzt.

Viele Lernlinge „überfliegen" einen Text nur mit den Augen und lesen ihn gar nicht richtig. Trotzdem glauben sie, sie hätten etwas gelernt. Pustekuchen! Du weißt jetzt, dass zum richtigen Lernen viele verschiedene Dinge notwendig sind. Setze deshalb Augen, Mund, Ohren, (manchmal auch die Nase), Hände und Füße beim Lernen ein.

Denke beim Lernen daran, welcher Lerntyp du bist:

- ✔ Sieh dir den Lernstoff an. Mache dir ein Bild davon.

- ✔ Sprich eine Zusammenfassung.

- ✔ Höre dir zu!

- ✔ Sei auf der Hut: Wo tauchen Schwierigkeiten auf?

- ✔ Schreibe dir Stichwörter auf

- ✔ Bewege dich beim Lernen. Laufe dabei (vielleicht mit Heft oder Buch) auf und ab.

Tipp 3: Sei ein Lernling, der beim Lernen sein Gehirn einschaltet.

Bei unseren Lernabenteuern hast du erfahren, dass du nur richtig lernen kannst, wenn du deine beiden Gehirnhälften nutzt. Versuche, dir die Sachen, die du lernen musst, in Bildern vorzustellen. Du kannst dabei nichts falsch machen. Die Bilder können lustig, bunt, groß, klein oder total übertrieben sein. Werde zum Superstar in deinem eigenen Kopfkino. Das Lernen soll dir Spaß machen!

> **Tipp 4:** **Sei ein Lernling, der das Lernen plant und Ordnung hält.**

✔ Mach dir einen Arbeitsplan und streiche durch, was du erledigt hast. Sei stolz auf dich und lobe dich dafür.

✔ Stelle eine Liste zusammen, auf der alle Arbeitsmittel (Stifte, Hefte, Lineal, Radiergummi und Ähnliches) sind, die du für die Hausaufgaben benötigst. Schau regelmäßig nach, ob alle Arbeitsmittel noch in Ordnung sind.

✔ Wenn du dich auf deinen Schreibtischstuhl und damit auf deinen PO setzt, denke an Planung und Ordnung.

> **Tipp 5:** **Sei ein Lernling, der im Unterricht aufpasst.**

Versuche dabei, an E-MAIL zu denken. Die einzelnen Buchstaben stehen für:

E = EINSCHALTEN (Mikrofone, Kamera und deine beiden Gehirnhälften!)

M = sich MERKEN, was der Lehrer sagt

A = AUFMERKSAM sein

I = INTERESSE zeigen

L = den LEHRER fragen und seine Fragen beantworten

> **Tipp 6:** **Sei ein Lernling, der seine Hausaufgaben ordentlich macht.**

Denke dabei an ÜBUNG. Die Buchstaben stehen für:

Ü = den ÜBERBLICK gewinnen

B = eigene Fragen BEANTWORTEN

U = den UNTERRICHTSSTOFF wiederholen

N = NACHHOLEN, was du noch nicht so gut verstanden hast

G = dich GUT fühlen

Fliegenferkel FF-Super: ... und bevor ich wieder nach Pladerile zurückfliege, will ich dir noch das Allerwichtigste zum Thema Schweinehund verraten!

Schweinehund: Na, da bin ich aber riesig gespannt.

Fliegenferkel FF-Super: Dann spitz' mal gut deine löchrigen Schweinehund-ohren! Hier ist sie, die 7. AHA-Faustregel:

Lenke deinen Schweinehund!
Treibt er's zu bunt, sag nicht: Na und?
Sei der Boss von deinem eigenen Gehirn,
und lass dich nicht von ihm verwirr'n.

Lenke deinen Schweinehund!
Sei stark. Sag: Halt den Mund!
Setz ihn vor dein Zimmer, wenn du lernst,
durchschaue seine Tricks, ich mein' es ernst.

Fliegenferkel FF-Super: Lieber Lernling, jetzt muss ich mich erst einmal bei dir bedanken! Ich finde, dass du sehr mutig warst und alle Lernabenteuer ganz toll gemeistert hast. Leider fliege ich nun zurück nach Pladerile, denn dort warten viele neue Aufgaben auf mich.

Ich hoffe, unsere gemeinsamen Lernabenteuer haben dir gefallen. Wenn du trotzdem einmal ein Lernproblem haben solltest und dein innerer Schweinehund dich wieder ablenken will, dann zeige ihm, dass er auf alle seine alten, langweiligen, lästigen, störenden und immer wieder gleichen Tricks verzichten kann. Zeige ihm, dass du der Boss bist!

Schweinehund: Schluchz! Schluchz! Ich bin ja sooo maßlos traurig, dass du jetzt plötzlich, auf der Stelle und sofort verschwinden willst. Gute Reise, liebes Ferkeltierchen! Du musst dich beeilen. Deine Rakete fliegt gleich ab. Tschüss!

Fliegenferkel FF-Super: Moment, stopp! Jetzt kommt nämlich noch das Allerwichtigste: Für die Teilnahme am Lernabenteuer bekommst du, Lernling, natürlich eine Urkunde (du findest sie auf Seite 111). Bitte trage deinen Namen und das Datum ein. Schneide die Urkunde aus und hänge sie ...

Schweinehund: ... ins Klo. Winke, winke. Dein Ufo wartet. Schnell, schnell, du kommst sonst zu spät zu deiner Ferkelfamilie.

Fliegenferkel FF-Super: Ja, ja. Aber ganz zum Schluss möchte ich dich noch um einen kleinen Gefallen bitten, lieber Lernling. Setze den Schweinehund bitte schon mal in diesen Vogelkäfig hier, ich würde ihn gerne gleich mit auf die Reise nehmen. Wir brauchen nämlich auf Pladerile noch einen Schweinehund als Ausstellungsstück für unser Museum.

Schweinehund: Wohin, was, wie? Hilfe!!! Freiheitsberaubung!!! Nein, ich will auf keinen mistigen Fliegenferkelplaneten. Ich will bei meinem Lernling bleiben. Bitte, bitte, lass mich hier. Ich werde auch alles tun, was mein Lernling möchte.

Fliegenferkel FF-Super: Aha! Aha! Aha! Ja, wenn das so ist, dann hast du, Schweinehund, ja auch einiges bei unserer Lernexpedition gelernt!

Schweinehund: Na klar. Ich bin schließlich ein verdammt heller Bursche. Sozusagen höllisch fit im Kopf. Genauso gescheit wie mein allerliebster Lernling. Na ja, natürlich ein bisschen gescheiter, aber nur ein bisschen, ein klitzekleines bisschen ...

Fliegenferkel FF-Super: Was meinst du eigentlich dazu, Lernling?

Nubo dachte kurz nach und sagte dann:

> Hab früher gedacht, Lernen ginge einfach so,
> Schule aus und ich war richtig froh.
> Hausaufgaben schnell hinschmieren,
> möglichst keine Zeit verlieren.
> Nur noch an die Freizeit denken,
> keinen Gedanken ans Lernen verschwenden.
> Und mein Schweinehund, der fand das toll,
> quatschte mir ständig die Birne voll,
> lenkte mich dauernd vom Lernen ab,
> hielt mich liebend gern auf Trab.
> Doch ab heute bin ich der Boss von meinem Hirn,
> lass mich vom Schweinehund nicht mehr verwirr'n.
> Ich zeig ihm beim Lernen die rote Karte,
> das bedeutet für ihn: „Halt die Klappe und warte!"
> Erst nach dem Lernen steh ich bereit
> und habe für den Schweinehund Zeit!

Mit seinem Fünfmal-um-die-Ecke-Schauglas hatte Kannnix jedes einzelne Abenteuer haargenau verfolgt. Er hatte sehr schnell kapiert, dass man das Lernen tatsächlich lernen kann. Und er wollte alles dafür tun. An seinem schwarzen Brett klebten viele Sprüche. Zum Beispiel:

Kannnix, du bist gut!
Kannnix, du schaffst es!
Kannnix, das hast du toll gemacht!
Kannnix, du hast Geduld!
Kannnix, du kannst was!

Diese Sprüche halfen ihm durchzuhalten. Besonders dann, wenn er manchmal null Bock hatte zu lernen.

Natürlich hatte auch Zauberobermeister Aliksir schon mitbekommen, was bei Kannnix ablief. Und weil Kannnix alles freiwillig gemacht hatte, bekam er eine zweite Chance. Er durfte die Prüfung ausnahmsweise noch einmal machen. Er war zwar wahnsinnig aufge-

regt, aber natürlich hat er die Prüfung prima bestanden. Er war ja auch wirklich gut vorbereitet. Selbstverständlich wurde seine Verbannung von Zauberobermeister Aliksir sofort aufgehoben. Und mit diesen guten Noten wurde Kannnix ohne weiteres in den Zauberzirkel von Pladerile aufgenommen – jetzt natürlich als Zauberer Kannwas! Nur eine klitzekleine Bedingung gab es noch: Er musste sich von seinen Stinkesocken und seinen muffigen Klamotten trennen! (Na ja, das war für ihn die leichteste Übung. Was tut man nicht alles!)

Fliegenferkel FF-Super konnte wirklich riesig stolz auf sich sein. Auch Nubo hatte entdeckt, dass das Lernen Spaß machen kann, wenn man es richtig macht. Und weil Nubo so toll mitgearbeitet hatte, hieß er ab sofort „Schlauko" (normalerweise noch mit „pf" am Ende geschrieben). Zum Abschied überreichte ihm FF-Super das begehrte „Buch der Lerngeheimnisse". Schnell schlug er es auf, blätterte, aber er hielt nur ein Buch mit leeren Seiten in der Hand. Gerade wollte

er sagen: „Ihr wollt mich wohl ver …", da wurde ihm klar, dass es für einen Lernling keine Lerngeheimnisse mehr gibt, wenn er die Lernabenteuer mit dem Schweinehund® erlebt hat. Denn: Wer das Lernen gelernt hat, der kann es!

Darüber und noch über vieles mehr hat sich der Schweinehund bei den Lernabenteuern auf der Erde manchmal riesig geärgert. Eigentlich wollte er ja der Boss sein und den Lernling unbedingt vom Lernen abhalten. Aber wenn ein Lernling gelernt hat, wie man lernt, dann kann ihn der Schweinehund beim Lernen mal … gestohlen bleiben! Natürlich wollte der Schweinehund deshalb schnellstmöglich zu Kannnix, äh, Kannwas zurückkehren. Der weigerte sich aber, ihn wieder aufzunehmen. Künstlerpech! Aber es kam noch schlimmer: Kannwas verbannte ihn kurz und schmerzlos wieder nach Schei-kaos! Dort lebt der Schweinehund nun zusammen mit dem Hundeschwein und beide warten und warten. Sie warten darauf, mit dem zurückgelassenen Fünf-mal-um-die-Ecke-Schauglas lernunwillige Nubos auf der Erde aufzuspüren!

Und falls du einen Nubo kennen solltest und ihm helfen willst, seinen Schweine-hund zu bändigen, dann erzähle ihm doch einfach von deinem:

Lernabenteuer mit dem Schweinehund®

Oder schau mal rein bei: www.schweinehund.de

Schweinehund gesucht!

Lieber Lernling,

das war vielleicht ein Abenteuer! Und wenn du Lust hast, haben wir noch eines für dich: Male doch ein Bild von deinem eigenen Schweinehund – dann einfach in einen Umschlag stecken und ab geht die Post zu uns nach Kirchzarten:

VAK Verlags GmbH
Stichwort „Schweinehund"
Eschbachstraße 5
79199 Kirchzarten
Deutschland

Unter allen Schweinehunden verlosen wir regelmäßig ganz tolle Kinderbücher. Viel Spaß beim Malen und viel Glück bei der Verlosung! Und vergiss nicht dazuzuschreiben, wie alt du bist und wo dein Schweinehund wohnt. Sonst wissen wir nämlich nicht, wohin wir das Kinderbuch schicken sollen, wenn du gewonnen hast!

Urkunde

für

_____

Richtig lernen lernen ist nicht schwer,
deinen Schweinehund dabei an die Leine legen umso mehr!

Bei unseren gemeinsamen LERNABENTEUERN
hast du mit großem Erfolg deinen Schweinehund gebändigt!
Deshalb bekommst du von mir diese Urkunde ausgehändigt.

FF-Super

_____   _____
Ort, Datum   FF-Super

Lösungen

2. Lernabenteuer:
Lerntypentest

1. Test: HÖREN

Das Kind soll sich die zehn vorgelesenen Wörter durch Zuhören merken. Anschließend ist eine Ketten-rechenaufgabe im Kopf zu lösen (je nach Alter des Kindes eine kürzere oder längere Aufgabe). Bei dem Stichwort „Jetzt" trägt das Kind das Ergebnis der Rechenaufgabe ein und schreibt dann die Wörter auf, an die es sich erinnert.

Beispiel:
Elefant, Halstuch, Leiter, Kirche, Gartenzaun, Pilze, Fernseher, Schuhe, Buch

$8 + 12 - 4 + 9 - 5 + 3 + 5 - 6 + 1 - 12 = ?$

2. Test: SEHEN

Es werden zehn verschiedene Gegenstände vorbereitet, die man nacheinander aus einer Tüte nimmt und je zehn Sekunden lang zeigt. Die gezeigten Gegenstände dann in eine andere Tüte legen. Anschlie-ßend ist wieder eine Kettenrechenaufgabe im Kopf zu lösen. Bei dem Stichwort „Jetzt" trägt das Kind das Ergebnis der Rechenaufgabe ein und schreibt dann die Gegenstände auf, an die es sich erinnert.

Beispiel:
Schlüssel, Schere, Foto, Uhr, Kugel, Stift, Handschuh, Kamm, Heft, CD

$3 + 4 + 8 - 2 + 11 - 6 - 3 - 9 + 1 + 5 = ?$

3. Test: LESEN

Es werden zehn Blätter oder Karten vorbereitet, auf die man deutlich und in Druckschrift zehn Wörter schreibt. Eine Karte nach der anderen wird gezeigt. Das Kind soll sich die gelesenen Begriffe merken. Nun folgt wieder die Kettenrechenaufgabe. Das Ergebnis der Rechenaufgabe wird eingetragen. Danach werden die erinnerten Wörter aufgeschrieben.

Beispiel:
Schaufel, Kino, Klavier, Rose, Gärtner, Seil, Lerntung, Probe, Wasser, Burg

$6 + 6 + 9 - 4 - 5 + 7 + 2 - 3 - 5 + 10 = ?$

4. Test: SCHREIBEN

Zehn Begriffe werden dem Kind diktiert. Das Kind schreibt mit und dreht das beschriebene Blatt an-schließend um. Nun folgt die Kettenrechenaufgabe. Das Ergebnis wird eingetragen, danach die erin-nerten Wörter.

Beispiel:
Saft, Bleistift, Hund, Fingerhut, Roller, Mauer, Nadelbaum, Gruppe, Turm, Bank

$14 + 7 - 5 + 3 + 9 + 2 - 4 + 6 - 3 + 8 = ?$

3. Lernabenteuer:

Übung 1 (drei Wörter):
Beispiel: Banane – Pfarrer – See

(Vorschlag: Über eine Banane stolpert ein Pfarrer und fällt in den See.)

Übung 2 (fünf Wörter):
Beispiel: Indianer – Fahrrad – Geburtstag – Berg – Burg

(Vorschlag: Der Indianer rast auf einem gelben Fahrrad an seinem Geburtstag auf einen Berg. Er hält vor einer gespenstischen Burg an.)

Übung 3 (sieben Wörter):
Beispiel: Maikäfer – Hubschrauber – Turm – Zopf – Topf – Feuer – Gießkanne

(Vorschlag: Ein Maikäfer fliegt mit dem Hubschrauber zu einem Turm. Dort lässt er einen künstlichen Zopf hinunter. Dieser landet in einem Topf, der auf dem Feuer neben der Gießkanne steht.)

4. Lernabenteuer

1. Du kannst dir den Lernstoff besser merken, wenn du ihn mit Bildern verknüpfst.

2. So kannst du Gedichte leichter lernen:
   - ✔ Lies das ganze Gedicht konzentriert.
   - ✔ Lerne eine Strophe nach der anderen und nicht das ganze Gedicht auf einmal.
   - ✔ Stell dir zu jeder Zeile die passenden Bilder vor und male sie daneben.
   - ✔ Bastle in deinem Kopf einen Film aus diesen Bildern zusammen.
   - ✔ Denke an diesen „inneren" Film und wiederhole die Strophe laut.

3. Auf diesem Weg gelangen die Information in das Langzeitgedächtnis:
   Vom Ultrakurzzeitgedächtnis ins Kurzzeitgedächtnis zum Langzeitgedächtnis

4. Das sind die richtigen Antworten:
   - ✔ Nimm dir Zeit zum Lernen!
   - ✔ Wiederhole den Lernstoff!
   - ✔ Interesse macht das Lernen leichter!

5. PO bedeutet Planung und Ordnung.

6. Die 4. AHA-Faustregel heißt:
   Räume auf mit deinem Schweinehund!

Auf die Fragen 7 und 8 gibt es natürlich keine richtigen oder falschen Antworten!

Kontrolle des Lerntypentests:

Das Kind liest alle aufgeschriebenen Wörter vor, die richtig erinnerten Begriffe werden abgehakt. Das richtige oder falsche Ergebnis der Rechenaufgabe spielt für die Auswertung des Lerntypentests keine Rolle.

Nun rechnet das Kind die Anzahl der richtig gemerkten Begriffe pro Test zusammen und überträgt die Summe in die Auswertungstabelle, indem es die entsprechende Anzahl von Feldern farbig ausmalt. Die Anzahl der erinnerten Wörter zeigt die Aufnahmestärke des jeweiligen Sinnesorgans.

1. 1. AHA-Faustregel heißt:

   Schau dir deinen Schweinehund genau an!

2. Richtig lernen kann ich nur dann, wenn ich weiß, dass ich ein ...

   Hör-Lerntyp / Seh-Lerntyp / Lese-Lerntyp oder ein Schreib-Lerntyp bin.

3. Die fünf Sinnesorgane, die die Informationen zum Gehirn bringen, sind:

   Augen, Ohren, Hände, Nase, Mund

Das sind die richtigen Antworten:

4. Hör Lerntypen sollten ...
   - ✔ den Lernstoff laut sprechen.
   - ✔ die Sachen, die sie neu gelernt haben, anderen erklären.

5. Wenn ich im Unterricht nicht aufpasse, dann ...
   - ✔ lenkt mich mein Schweinehund ab.
   - ✔ interessiert mich das Thema nicht.

6. Der Schweinehund will immer der Boss sein, weil ...
   - ✔ er sich dadurch sehr stark fühlt.
   - ✔ er will, dass ich nur das mache, was er für richtig hält.

7. Es ist gut, dass ich das Lernen lerne, weil ich dann ...
   - ✔ weiß, was sich in meinem Kopf abspielt.
   - ✔ gute Noten in der Schule bekomme.
   - ✔ meinen inneren Schweinehund austricksen kann.
   - ✔ viel leichter lernen kann.

6. Lernabenteuer

1. Unterrichtsstoff, den du interessant findest, kann sich dein Gehirn gut merken.

2a. Wenn du sagst: „Ich kann das nicht", dann wird dir dein Gehirn zeigen wollen, dass du Recht hast und es wird sich nichts merken können.

2b. Wenn du die Schule für unwichtig hältst, wird sich dein Gehirn ganz genauso verhalten wie du und es wird nichts abspeichern können.

3. Wenn dich der Unterricht langweilt, wird dein Schweinehund sofort versuchen, dich abzulenken.

4. Wenn du den Unterricht schwierig findest, wird dein Schweinehund auch sofort versuchen, dich abzulenken.

Das sind die richtigen Antworten:

5. Ein Weglauf-Typ …
- ✔ hat Angst.
- ✔ sollte sich die Aufgabe mehrmals erklären lassen.
- ✔ sollte versuchen, seinen Schweinehund zu bändigen.

6. Ein Kopf-in-den-Sand-steck-Typ …
- ✔ möchte nicht sehen, dass er Schwierigkeiten hat.
- ✔ hat Angst.

7. Ein Anpack-Typ …
- ✔ schaut sich die Schwierigkeiten ganz genau an.
- ✔ lässt sich das, was er noch nicht verstanden hat, so lange erklären, bis er es verstanden hat.
- ✔ hat Geduld mit sich.

Literatur

Beelich, K. H. und Schwede, H.-H.: *Denken – Planen – Handeln*, Würzburg: Vogel, 1983

Birkenbihl, V.: *Stroh im Kopf*, Offenbach: GABAL, 1995

Duncalf, B.: *So schafft man jede Prüfung*, Augsburg: Augustus Verlag, 1997

Endres, W. und Bernard, E.: *So ist Lernen klasse*, München: Kösel Verlag, 1996

Freeman, R. und Meed, J.: *How to study effectively*, London: Collins Educational Ltd., 1995

Frick, R. und Mosimann, W.: *Lernen ist lernbar*, Aarau: Verlag für Berufsbildung Sauerländer, 1994

Helms, W. und Denig-Helms, K.: *Fit fürs Gymnasium*, Wien/München: Verlag Kerle, 1995

Hüholdt, J.: *Wunderland des Lernens*, Bochum: Verlag für Didaktik, 1990

Keller, G.: *Lernen, Denken, Entspannen*, Donauwörth: Auer Verlag GmbH, 1996

Kroll, S.: *Richtig lernen. Tipps und Lernstrategien für die Klassenstufen 5 bis 7*, Freising: Stark Verlagsgesellschaft, 1998

Perrez, T.: *So lerne ich leichter*, Zürich: Orell Füssli Verlag, 1998

Sawizki, E. R.: *Lernvergnügen. Richtiges Lernen ist angenehmes Lernen*, Bremen, 1994

Schachl, H.: *Was haben wir im Kopf?*, Linz: Veritas-Verlag, 1996

Schräder-Naef, R.: *Rationeller Lernen lernen*, Weinheim, Berlin und Basel: Beltz, 1992

Tepperwein, K.: *Die Kunst des mühelosen Lernens*, München und Genf: Ariston Verlag, 1995

Vester, F.: *Denken, Lernen, Vergessen*, München: Deutscher Taschenbuch Verlag, 1992

Über die Autorin

Elisabeth Waclowsky studierte Anglistik, Geographie, Germanistik und Schulpsychologie. Bis zur Geburt ihres Sohnes unterrichtete sie an Realschule und Gymnasium. Seit 1991 arbeitet sie als Dozentin an der GBS-Technikerschule für Maschinenbau, Elektrotechnik und Informatik in München. Dort entwickelte sie bald das Fach „Lernmethodentraining", das in den Stundenplan aller Studenten des ersten Semesters integriert wurde. Die sichtbaren Lernerfolge ihrer Studenten überzeugten sie und sie entwickelte das Konzept weiter: Auch Kindern sollte vermittelt werden, wie sie „richtig" lernen können.

Heute hält die Autorin Vorträge für Eltern und führt Seminare für Schüler in Grund-, Haupt- und Realschulen sowie Gymnasien durch. Die spielerische und humorvolle Vermittlung sachlicher Inhalte in den Workshops bietet stets die Gewähr für einen erfolgreichen Seminarverlauf. Mit den von ihr geschaffenen Identifikationsfiguren, dem Schweinehund®, dem Hundeschwein® und dem Fliegenferkel®, bringt sie den Schülern effektive Lernstrategien auf unterhaltsame Weise bei und verhilft ihnen so zu selbstständigem und eigenverantwortlichem Lernen. Bereits jetzt belegen Hunderte begeisterter Kinder und Eltern den Erfolg dieses Lernkonzepts.

Lene Mayer-Skumanz, Irmgard Heringer, Anna Heringer:

Löwen gähnen niemals leise

Wie Lernen leicht gelingt.
Geschichten, Tipps und Übungen für Kinder

Dieses farbig illustrierte Kinderbuch greift mit Geschichten aus dem Alltag in verständnisvoller Weise Schulprobleme von Kindern auf. Mit viel Humor und Einfühlungsvermögen werden Kinder und Eltern ermuntert, mit Hilfe von einfachen Bewegungsübungen diese Probleme zu meistern.

Löwen gähnen niemals leise wurde von der Deutschen Akademie für Kinder- und Jugendliteratur e.V. zum Kinderbuch des Monats Juni 1998 gewählt.

64 Seiten, Ausfalttafel mit vielen farbigen Illustrationen, Hardcover (16,5 x 24 cm), ISBN 3-932098-21-8

Lene Mayer-Skumanz, Irmgard Heringer, Anna Heringer:

Mit dem Tiger um die Wette

Geschichten, Tipps und Übungen
bei Prüfungsangst und Stress

Erzählt wird altersgerecht von Alltag und Nöten 8- bis 10-Jähriger. Zu Hause gibt's Streit zwischen den Eltern; sie selbst streiten sich mit Freunden, erleben Eifersucht, Wut und einen Unfall. Im Zentrum steht der Alltag in der Schule.

Die Kinder erfahren, was für sie alles Stress bedeuten kann, wie eine Stressreaktion abläuft, wie das Gehirn aufgebaut ist und wie sie sich selbst helfen können.

70 Seiten, mit vielen farbigen Illustrationen, Hardcover (16,5 x 24 cm), ISBN 3-932098-54-4

Paul E. Dennison, Gail E. Dennison:

Brain-Gym®

Besser lernen mit dem ganzen Gehirn – das ist das Ziel der Brain-Gym®-Bewegungsübungen. Diese Bewegungen aktivieren auch solche Teile des Gehirns, die vorher nicht aufnahmefähig waren. Die witzig illustrierte „Gehirngymnastik" ist für Jung und Alt geeignet; hilft uns, unser (Gehirn-)Potential besser zu nutzen; fördert klares und kreatives Denken; erleichtert jede Art von Lernen.
Brain-Gym® umfasst eine Reihe einfacher Bewegungen, mit denen man auf spielerische Weise seine Lernfähigkeit steigern kann. Die Übungen sind so angelegt, dass ihre Auswirkungen im Alltag schnell zu spüren sind.

63 Seiten, durchgehend illustriert, plus sechsseitige Falttafel „Alle 26 Brain-Gym®-Übungen auf einen Blick", Spiralheftung (16,5 x 24 cm)
ISBN 3-924077-75-4

Karin Pagel:

Jede(r) lernt anders

Wie Sie Ihr Kind besser verstehen und unterstützen

Bei Schülern mit Lernproblemen übernehmen Eltern oft die Rolle von Hilfslehrern, ohne dafür ausgebildet zu sein. Hier hilft dieses Buch. Im ersten Teil gibt es eine leicht verständliche Zusammenfassung von Hintergrundwissen über Grundlagen des Lernens. Im zweiten Teil bietet es detaillierte Anleitungen für erfolgreiches Rechtschreiben und Rechnen.

Ein praxisorientierter Leitfaden mit vielen Beispielen und Ideen zum Lernen mit allen Sinnen!

126 Seiten, zahlreiche Abbildungen, Paperback (18 x 24,5 cm)
ISBN 3-932098-77-3

Carla Hannaford:

Bewegung – das Tor zum Lernen

Die Entdeckung, dass Bewegung nicht nur das Lernen, sondern auch Kreativität, Gesundheit und Stressmanagement entscheidend verbessert, hat direkte Auswirkungen für die verschiedensten Kreise: für Geschäftsleute, die mit Stress fertig werden und dabei produktiv sein wollen; für alte Menschen, die ihr klares Denken, ihr Gedächtnis und ihre Vitalität behalten möchten; für Pädagogen, Lehrer und Eltern, die auf eine gesunde Entwicklung ihrer Kinder bedacht sind; und schließlich für die Kinder und Erwachsenen, denen leichtfertig „Lernstörungen" oder „Verhaltensstörungen" attestiert werden, als seien dies Krankheiten. All diesen Betroffenen zeigt das Buch einen Weg, Verantwortung für ihr Leben zu übernehmen und ihre Fähigkeiten zum Lernen und zu schöpferischer Tätigkeit gezielt auszubilden

278 Seiten, 43 Abbildungen, Paperback (15 x 21,5 cm),
ISBN 3-924077-93-2

Doc Childre:

Immer dem Herzen nach

Ein Ratgeber für Eltern

In diesem Buch zeigt der Autor, wie Eltern ihre Kinder mit dem Herzen sehen und diese Fähigkeit auch ihren Kindern vermitteln können. Seine HerzIntelligenz-Methode hilft Familien, einfühlsamere Kommunikation zu entwickeln, emotionale Schmerzen zu mindern und die zwischenmenschlichen Beziehungen zu verbessern. Mit den leicht zu erlernenden, wissenschaftlich getesteten Techniken können Eltern bei ihren Kindern Selbstwertgefühl und Selbstachtung fördern.

194 Seiten, Paperback (15 x 21,5 cm)
ISBN 3-932098-62-5